*Retenue par un fil*

*Une question de chance*

## TITRES DÉJÀ PARUS DANS LA COLLECTION AZRIELI DES MÉMOIRES DE SURVIVANTS DE L'HOLOCAUSTE

### TITRES FRANÇAIS

*L'Album de ma vie* par Ann Szedlecki
*L'Antichambre de l'enfer* par Felix Opatowski
*Cachée* par Marguerite Élias Quddus
*Citoyen de nulle part* par Max Bornstein
*Étoile jaune, étoile rouge* par Alex Levin
*La Fin du printemps* par John Freund
*Fragments de ma vie* par Henia Reinhartz
*Frapper à toutes les portes* par Anka Voticky
*De génération en génération* par Agnes Tomasov
*L'Heure W* par Arthur Ney
*Une jeunesse perdue* par George Stern
*Les lieux du courage* par Muguette Myers
*Matricule E/96* par Paul-Henri Rips
*Nous chantions en sourdine* par Helena Jockel
*Objectif : survivre* par Tommy Dick
*Les Ombres du passé* par Willie Sterner
*Que Renaisse Demain* par Elsa Thon
*Retenue par un fil* par Judy Abrams/ *Une question de chance* par Eva Felsenburg Marx
*Seule au monde* par Betty Rich
*Si, par miracle* par Michael Kutz
*Soudain, les ténèbres* par Leslie Meisels
*Souvenirs de l'abîme* par William Tannenzapf / *Le Bonheur de l'innocence* par Renate Krakauer
*Un terrible revers de fortune* par Fred Mann
*Traqué* par Marian Domanski
*Trousse de survie* par Zuzana Sermer
*Le Violon* par Rachel Shtibel/ *Témoignage d'un enfant* par Adam Shtibel

TITRES ANGLAIS

*Across the Rivers of Memory* by Felicia Carmelly
*Album of My Life* by Ann Szedlecki
*Alone in the Storm* by Leslie Vertes
*As the Lilacs Bloomed* by Anna Molnár Hegedűs
*Bits and Pieces* by Henia Reinhartz
*A Drastic Turn of Destiny* by Fred Mann
*E/96: Fate Undecided* by Paul-Henri Rips
*Fleeing from the Hunter* by Marian Domanski
*From Generation to Generation* by Agnes Tomasov
*Gatehouse to Hell* by Felix Opatowski
*Getting Out Alive* by Tommy Dick
*The Hidden Package* by Claire Baum
*Hope's Reprise* by David Newman
*If, By Miracle* by Michael Kutz
*If Home Is Not Here* by Max Bornstein
*If Only It Were Fiction* by Elsa Thon
*In Fragile Moments* by Zsuzsanna Fischer Spiro/ *The Last Time* by Eva Shainblum
*In Hiding* by Marguerite Élias Quddus
*Inside the Walls* by Eddie Klein
*Joy Runs Deeper* by Bronia and Joseph Beker
*Knocking on Every Door* by Anka Voticky
*Little Girl Lost* by Betty Rich
*Memories from the Abyss* by William Tannenzapf/ *But I Had a Happy Childhood* by Renate Krakauer
*My Heart Is At Ease* by Gerta Solan
*A Name Unbroken* by Michael Mason
*Never Far Apart* by Kitty Salsberg and Ellen Foster
*The Shadows Behind Me* by Willie Sterner
*Spring's End* by John Freund
*Stronger Together* by Ibolya Grossman and Andy Réti
*Suddenly the Shadow Fell* by Leslie Meisels with Eva Meisels
*Survival Kit* by Zuzana Sermer
*Tenuous Threads* by Judy Abrams / *One of the Lucky Ones* by Eva Felsenburg Marx
*Traces of What Was* by Steve Rotschild
*Under the Yellow and Red Stars* by Alex Levin
*Vanished Boyhood* by George Stern
*The Violin* by Rachel Shtibel/ *A Child's Testimony* by Adam Shtibel
*W Hour* by Arthur Ney
*We Sang in Hushed Voices* by Helena Jockel
*The Weight of Freedom* by Nate Leipciger
*Where Courage Lives* by Muguette Myers

# Retenue par un fil

*Judy Abrams*

# Une question de chance

*Eva Felsenburg Marx*

TRADUIT DE L'ANGLAIS (CANADA)
PAR SYLVIE COURTINE-DENAMY

DEUXIÈME ÉDITION


La Fondation Azrieli: www.azrielifoundation.org

Couverture et conception graphique de Mark Goldstein
Cartes de 2e et 3e de couverture de Sir Martin Gilbert
Cartes à l'intérieur du volume de François Blanc

CATALOGAGE AVANT PUBLICATION DE BIBLIOTHÈQUE ET ARCHIVES CANADA

Retenue par un fil / Judy Abrams. Une question de chance / Eva Felsenburg Marx; traduit de l'anglais (Canada) par Sylvie Courtine-Denamy.
(La collection Azrieli des mémoires de survivants de l'Holocauste)
Traduction de : Tenuous threads / Judy Abrams, et de : One of the lucky ones / Eva Felsenburg Marx.
Comprend des références bibliographiques et un index.
ISBN 978-1-897470-37-4 (broché)

1. Abrams, Judy, 1937–. 2. Marx, Eva Felsenburg, 1937–. 3. Holocauste, 1939–1945 – Hongrie – Récits personnels. 4. Holocauste, 1939–1945 – Slovaquie – Récits personnels. 5. Enfants juifs pendant l'Holocauste – Hongrie – Biographies. 6. Enfants juifs pendant l'Holocauste – Slovaquie – Biographies. 7. Enfants cachés (Holocauste)– Hongrie – Biographies. 8. Enfants cachés (Holocauste) – Slovaquie – Biographies. 9. Survivants de l'Holocauste – Canada – Biographies. I. Fondation Azrieli organisme de publication II. Titre : Une question de chance. III. Collection : Collection Azrieli des mémoires de survivants de l'Holocauste

D804.48.A2714 2013    940.53'18083    C2013-904025-0

IMPRIMÉ AU CANADA

# La Collection Azrieli des mémoires de survivants de l'Holocauste

# Sommaire

UNE QUESTION DE CHANCE

# La collection : Tel qu'ils l'ont écrit...

*En racontant leur histoire, les auteurs ont pu se libérer. Pendant de longues années, nous n'en avons pas parlé, même une fois devenus citoyens de sociétés libres. Aujourd'hui, alors qu'enfin nous écrivons sur les expériences qui furent les nôtres durant cette période sombre de l'Histoire, conscients que nos récits seront lus et qu'ils nous survivront, il nous est possible de nous sentir complètement libérés. Ces documents historiques uniques aident à donner un visage aux disparus et permettent au lecteur de mesurer, récit après récit, l'énormité de ce qui est arrivé à six millions de Juifs.*

*David J. Azrieli*, C.M., C.Q., M.Arch
Survivant de l'Holocauste et fondateur de la Fondation Azrieli

Depuis la fin de la Deuxième Guerre mondiale, plus de 30 000 Juifs rescapés de l'Holocauste sont venus s'installer au Canada. Leurs origines, les expériences qu'ils ont vécues, les nouvelles vies qu'ils ont bâties et les familles qu'ils ont fondées font partie intégrante du patrimoine canadien. Le Programme des mémoires de survivants de l'Holocauste a été créé pour rassembler, archiver et publier les témoignages historiques écrits par les déportés juifs établis au Canada. Le programme est animé par la conviction que chaque survivant porte une histoire remarquable à transmettre et que ces récits peuvent contribuer dans une vaste mesure à l'enseignement de la tolérance et du respect de l'autre.

Des millions d'histoires individuelles sont perdues à jamais. En publiant les récits des survivants au sein de la Collection Azrieli des mémoires de survivants de l'Holocauste, le programme s'engage à préserver de l'oubli ceux qui ont péri sous les assauts d'une haine encouragée par l'indifférence et l'apathie générale. Les témoignages personnels de ceux qui ont survécu dans les circonstances les plus improbables sont aussi différents que ceux qui les ont écrits, mais tous démontrent la somme de courage, d'endurance, d'intuition et de chance qu'il a fallu pour faire face et survivre à cette terrible adversité. Ces mémoires rendent aussi hommage aux personnes, amies ou inconnues, qui ont tendu la main au péril de leur vie et qui, par leur bienveillance et leur dignité dans les moments les plus sombres, ont souvent permis aux personnes persécutées de conserver leur foi en la nature humaine et leur courage de lutter. Les témoignages des déportés et leur volonté de transmettre ce qui s'est passé aux jeunes générations suscitent l'admiration et servent de leçon.

Le Programme des mémoires de survivants de l'Holocauste rassemble ces témoignages importants et les rend accessibles gratuitement en format imprimé aux organisations œuvrant pour la mémoire de l'Holocauste. Pour le public, les mémoires sont également en vente en librairie. L'intégralité des bénéfices provenant de la vente des mémoires de survivants de l'Holocauste publiés par la Fondation Azrieli est reversée au programme des mémoires afin de soutenir son travail de publication et sa mission pédagogique.

La Fondation Azrieli tient à marquer sa reconnaissance aux personnes suivantes, pour leurs contributions précieuses à la réalisation de cette collection : Josée Bégaud, Florence Buathier, Lise Viens, Keaton Taylor, Sherry Dodson (Maracle Inc), ainsi que Margie Wolfe et Emma Rodgers de Second Story Press.

# À propos du glossaire

Dans les présents mémoires se trouvent un certain nombre de termes, de concepts et de références historiques qui peuvent ne pas être connus du lecteur. Pour plus d'informations sur les principales institutions, les événements et les personnages historiques importants, les références géographiques, les termes religieux et culturels, les termes et les expressions empruntés à des langues étrangères qui permettront d'éclairer et de contextualiser les événements décrits dans le texte, veuillez vous reporter au glossaire qui commence à la page 153.

# Introduction

Par une journée ensoleillée de 1944 à Vráble, une petite ville du sud de la Tchécoslovaquie, la grand-mère de la petite Eva Felsenburg, âgée de 6 ans, l'habille en paysanne en vue d'un voyage inhabituel. Ses grands-parents ont en effet loué les services d'un homme qui doit l'emmener à bicyclette rencontrer son père sous un pont dans la ville voisine de Nitra, lieu où elle doit se cacher. La petite sent les larmes de sa grand-mère couler sur sa joue lorsque celle-ci l'étreint pour prendre congé d'elle. Eva se demande pourquoi on la renvoie. À 100 kilomètres de là à peine, à Budapest, en Hongrie, une mère conduit une autre petite fille âgée de 7 ans, Judit Grünfeld, le long d'une avenue bordée d'arbres vers les portes d'un couvent. Désormais, elle ne s'appellera plus Judit, elle ne sera plus une fillette juive, mais elle répondra au nom d'Ilona Papp, une fervente petite catholique, comme l'en ont informée ses parents. Judit a la nausée lorsque sa mère tourne les talons et la laisse avec une religieuse entièrement vêtue de noir. Elle a toujours aimé les jeux d'imagination, mais cette fois-ci, le jeu est bien réel.

Actuellement grands-mères d'enfants ayant sensiblement le même âge, Eva Felsenburg Marx et Judy Grünfeld Abrams ont choisi de nous faire partager leurs histoires. Leurs récits respectifs tissent sous nos yeux les images et les instants dépeints en détails de cette époque inexplicable de l'histoire où l'on pourchassait de jeunes enfants juifs, leur seule façon de survivre étant de devenir invisibles. Au début de la Seconde Guerre mondiale, il y avait environ un million six cent mille enfants juifs vivant dans l'Europe occupée. En mai 1945, moins de 7 % d'entre eux avaient survécu. D'après les estimations des historiens, plus d'un million d'enfants, voire peut-être un million et demi ont été tués par les nazis au cours de la guerre. « Je suis une enfant qui a eu de la chance », écrit Eva au début de son mémoire. Tel a effectivement été le cas. On estime à six millions le nombre de Juifs massacrés par les nazis pendant l'Holocauste mais, dans la mesure où ils constituaient des cibles d'anéantissement particulières, le taux de survie des enfants était bien inférieur à celui des adultes. Parmi ceux qui ont survécu, la plupart ont été cachés – parfois avec leurs parents, mais souvent sans eux. Ils vivaient sous de fausses identités, à l'abri dans des couvents, mis en lieux sûrs dans des appartements d'amis ou adoptés par des familles chrétiennes; parfois même, on les retrouvait errant et se débrouillant tout seuls. Toutefois, même pour ces enfants qui ont réussi à échapper à la mort, survivre a été synonyme de rupture par rapport à leur enfance normale, et a représenté un héritage fait d'insécurité et de peur. Exilés de mondes qui avaient disparu, et encombrés par la souffrance de leurs parents, hériter de la « chance » peut souvent s'avérer un fardeau. Pour ces enfants autrefois cachés, la guerre et ses séquelles peuvent être un souvenir douloureux.

Les parallèles entre les expériences respectivement vécues par Eva et Judy en tant qu'enfants survivantes de l'Holocauste sont frappants, bien qu'elles ne se soient jamais rencontrées. Passé et présent se mêlent dans leurs récits, tandis qu'elles s'efforcent de se souvenir et de comprendre l'impact psychologique de l'Holocauste et la manière complexe dont elles ont échappé à cet héritage. En tant qu'enfants juives dans l'Europe occupée au début des années 1940, il leur a fallu faire preuve de vigilance, d'esprit d'observation, et bien souvent compter sur leur précocité pour adapter leur comportement aux situations nouvelles, aussi bien avant qu'après la guerre.

Les mémoires qui mettent en valeur les points de vue de jeunes enfants sur l'Holocauste – comme c'est le cas de ces deux récits – sont à la fois rares et indispensables d'un point de vue historique et narratif. Ils révèlent le passé de façon vivante, en nous faisant pénétrer dans les mystères de l'enfance : le goût du pain fraîchement cuit, le parfum des marronniers en fleurs, la caresse d'une grand-mère, l'écho d'un rire, l'inconstance des amitiés enfantines, le clapotement frais de l'eau par une chaude journée d'été, le plaisir de revêtir un nouveau manteau. En évoluant dans le monde naïf de l'enfant, nous pénétrons simultanément dans son univers, fait à la fois d'incompréhensibilité et de connaissance pertinente de l'imminence du danger tapi dans les brèches entre ce que l'enfant peut et ne peut pas connaître : les proches qui disparaissent, les parents qui sont envoyés dans des camps de concentration, les maisons détruites par des bombes. En ce sens, nous découvrons les circonstances précaires et quelque peu arbitraires auxquelles ces enfants doivent d'avoir eu la vie sauve.

Le paradoxe des enfants ayant grandi pendant l'Holocauste tient évidemment au fait qu'ils ont rarement été conscients du péril auquel ils étaient confrontés en tant que Juifs. Contrairement à leurs parents, la perspective leur manquait pour comparer leur propre réalité avec le passé d'avant-guerre et il y avait une limite à ce que pouvaient assimiler leurs jeunes esprits. Ni Judy ni Eva n'étaient nées lorsque Hitler et les nazis ont accédé au pouvoir en 1933, et lorsque deux ans plus tard, en septembre 1935, ils ont promulgué les édits contre les Juifs connus par la suite sous l'appellation de Lois de Nuremberg. À partir de ce moment-là, les Juifs d'Allemagne ont été officiellement définis en fonction de l'hérédité plutôt que de la religion et, en tant que « non-Aryens », dépouillés de leur citoyenneté et de leurs autres droits fondamentaux. Les enfants juifs sont devenus des cibles particulières dans la mesure où ils étaient considérés comme la « semence d'une race de sous-hommes » qui menaçait de souiller la race aryenne. Judy et Eva étaient encore toute petites lorsque les troupes nazies ont occupé d'abord la Tchécoslovaquie pour y établir le protectorat de Bohême-Moravie et la République semi-autonome de Slovaquie en mars 1939, puis lorsqu'ils ont ensuite envahi la Pologne en septembre 1939, déclenchant ainsi la Seconde Guerre mondiale. Les nazis ont rapidement mis en place les mêmes lois anti-juives dans les pays qu'ils ont occupés. Le seul monde qu'Eva et Judy ont connu dans leur enfance était un monde en guerre. Mais quand bien même auraient-elles été capables de comprendre l'impact de ces événements politiques, elles n'auraient pas pu saisir la gravité de la menace nazie. Il était déjà assez difficile de concevoir qu'un régime puisse prendre les Juifs pour cibles en vue de les massacrer – mais que dire s'agissant d'enfants ! Comment comprendre un génocide qui prenait pour cible cette partie la plus vulnérable et la plus impuissante de la société ?

Les défis psychologiques auxquels les enfants ont eu à faire face et les compétences qu'ils ont dû déployer afin de résister à la peur, à la solitude et au silence, à la séparation et à la honte liées au fait qu'ils dissimulaient leur identité, sont essentiels pour comprendre l'impact de la période nazie. Les jeux imaginaires se sont avérés des instruments essentiels pour les enfants comme Judy et Eva qui sont devenues expertes dans l'art du déguisement et de la simulation. Se souvenant de la vie qu'elle menait à l'âge de 7 ans en compagnie des sœurs ursulines dans la campagne hongroise, Judy rappelle qu'elle faisait semblant d'être chrétienne au point d'avoir « fait disparaître [s]on moi juif antérieur, le refoulant dans les recoins tabous de [s]on esprit ». Eva n'avait que 2 ans lorsqu'elle est montée en mars 1939 dans le train qui la conduisait à Vráble en compagnie de Marka, sa nourrice qu'elle chérissait : « J'ai un vague souvenir de ce voyage. Si les Allemands, qui interrogeaient tout le monde, nous demandaient qui nous étions, j'avais reçu pour consigne de dire que Marka était ma mère. » Ce genre de mentalité et ce jeu de rôle complexe sur le plan émotionnel sont devenus quotidiens pour les enfants juifs qui ont dû apprendre rapidement à se conformer à n'importe quelle situation et à détourner les soupçons. Lors d'un moment angoissant de son histoire, Judy se rappelle sa première journée au couvent alors qu'elle s'efforçait de jouer son rôle : « Je détestais la "peau" du lait chaud. Était-ce un dégoût qu'aurait une chrétienne ? J'ai fermé les yeux et, m'étouffant presque avec la pellicule visqueuse, j'ai avalé tout de go le liquide chaud sans même m'arrêter pour respirer. »

Comme le révèlent ces histoires, en dépit de l'impression que les enfants cachés étaient en sécurité parce qu'ils « ne se rendaient pas compte » de leur situation, la constante et sourde inquiétude qu'ils étaient en danger n'a pas manqué d'avoir un impact. Il est des moments où Eva tout comme Judy sont clairement conscientes qu'elles sont sur le point d'être prises et qu'elles risquent la mort. Judy, par exemple, raconte la terreur et l'effroi qu'elle a ressentis dans un abri anti-aérien lorsqu'un officier hongrois fasciste du parti des Croix-Fléchées s'est présenté pour pourchasser les Juifs cachés et l'a repérée à son « physique juif ». Eva rappelle également comment la personne peu fiable à laquelle elle et sa famille devaient leur « salut » les a mis en danger en invitant à dîner un soldat allemand, les forçant à se cacher, serrés les uns contre les autres dans le garde-manger. « Je me souviens combien nous étions tous terrifiés lorsque j'ai éternué et combien nous étions effrayés à l'idée que son petit ami allemand nous surprenne. Elle nous traitait avec arrogance, menaçant de nous dénoncer et exigeant de plus en plus d'argent. "Si vous ne me payez pas davantage, je préviendrai les SS !" nous criait-elle. » Étant donné que de nombreux Juifs cachés étaient de fait exploités, soumis au chantage, pour être ensuite dénoncés aux autorités, ces situations étaient terrifiantes.

En notre qualité de lecteurs, ces jeunes enfants traqués dans le monde extérieur, reconnaissants à l'égard de ceux qui leur portaient secours, et auxquels incombait l'énorme responsabilité de s'adapter, souvent sans le soutien de leurs parents, nous bouleversent. La séparation d'avec leurs parents, tout comme leurs retrouvailles avec eux, ont représenté une gageure particulière pour les enfants juifs durant les années de guerre. Un point commun à de nombreuses histoires d'enfants cachés tient au traumatisme et au sentiment de perte profonde liés à la séparation qui demeurent hors de la portée de la mémoire et qui ne peuvent s'exprimer. À propos de la séparation d'avec sa mère, Judy écrit avec un manque de précision caractéristique : « Ma mère m'a certainement fait signe de la main lorsqu'elle s'est éloignée de la grille qui s'est refermée sur moi. Nous n'allions pas nous revoir avant un an. Comment m'a-t-elle dit au revoir ? » Les retrouvailles avec les parents après une longue période ont également été source de conflits. Eva décrit avec la même ambivalence sa réunion avec son père après une séparation de 5 ans : « Je ne me souviens pas bien de mes retrouvailles avec mon père sous ce pont dans les environs de Nitra. J'avais presque 7 ans et je ne l'avais pas revu ces cinq dernières années. Je ne savais même pas à quoi il ressemblait. » À la perspective de revoir sa mère chérie et adorée, Eva se sent même angoissée : « Qu'allais-je lui dire ? À quoi ressemblerait-elle ? » Quelques enfants survivants comme Judy se sentent honteux de leurs réactions inattendues vis-à-vis de leurs parents qui leur étaient devenus étrangers. « Était-ce possible ? » se demande la petite fille : « Je regardais la petite femme fine et nerveuse que j'allais à nouveau appeler *anyu* (maman) tout en me souvenant de l'*anyu* d'avant. » Ces situations n'étaient jamais idéales pour reconstruire un fort sentiment de sécurité.

La mémoire elle-même est un thème récurrent dans ces histoires. Pour Judy comme pour Eva, l'impact durable de leurs expériences pendant l'Holocauste est enfoui dans les recoins profonds de l'esprit : il émerge parfois sous forme de souvenirs clairs, souvent sous forme d'impressions insistantes, et quelquefois sous forme de cauchemars. Nous ne pouvons qu'admirer la faculté de résistance, l'optimisme et la volonté acharnée de vivre avec humour et compassion dont ont fait preuve chacune de ces jeunes femmes, qui se sont confrontées à de nouveaux défis en s'efforçant de s'adapter à leur vie au Canada après la guerre. Bien qu'elles aient été témoins des combats de leurs parents affectés par la guerre et qu'elles aient dû rattraper les années de scolarité qui leur manquaient, Eva et Judy se sont distinguées sur le plan universitaire, elles ont noué des liens d'amitié et posé les bases de leurs propres vies indépendantes. Chaque histoire individuelle est une réflexion rare et un fascinant témoignage de résistance, de résilience et de courage. Mais en lisant ces histoires, nous devons également nous souvenir de tous ces enfants qui ont été réduits au silence : le million et demi de jeunes âmes qui n'ont pas eu la chance de raconter leurs propres histoires. Au travers de tels récits, nous aussi nous pleurons ces voix perdues, mais nous prenons également toute la mesure du caractère exceptionnel de l'expérience vécue par ces enfants qui ont réussi à survivre à l'Holocauste.

## JUDY ABRAMS : RETENUE PAR UN FIL

Née le 28 avril 1937, à Budapest, en Hongrie, fille de Renée (née Kaba) et de László Grünfeld, Judy Abrams était la fille unique de parents appartenant à la moyenne bourgeoisie. Ses grands-parents paternels, des négociants en vin, avaient quitté le nord-est de la Hongrie pour s'installer à Budapest, où les ancêtres de sa mère, la famille Deutsch-Müller, vivaient depuis le XIX$^{e}$ siècle. À l'époque de la naissance de Judy, une importante population florissante de 825 000 Juifs vivait en Hongrie. À la fin de la Seconde Guerre mondiale, moins d'un tiers d'entre eux avaient survécu. Plus de 550 000 Juifs hongrois ont été tués ou ont succombé à la faim et à la maladie dans les camps de concentration. Pour la plupart d'entre eux, la mort est survenue la toute dernière année de la guerre. L'incroyable brutalité et la rapidité avec lesquelles ils ont été massacrés à l'approche de la défaite allemande ont été particulièrement épouvantables.

Comme beaucoup de Juifs de Budapest, la famille de Judy avait adopté les mœurs modernes, elle s'était intégrée à la vaste population hongroise d'origine chrétienne, et menait une vie prospère et cultivée. Judy fréquentait une école privée Montessori, et sa famille s'exprimait en hongrois ou en allemand plutôt qu'en yiddish; ils participaient à la vie culturelle de Budapest et nombre de leurs amis étaient soit non juifs, soit avaient contracté des mariages mixtes. Les conversions au christianisme étaient également courantes – en 1941, lorsque les lois raciales ont été introduites en Hongrie, on recensait 100 000 Juifs convertis au catholicisme. Les Juifs de Hongrie n'ont pas toujours bénéficié de la tolérance du début du XX$^{e}$ siècle. Ce n'est qu'en 1867 et 1895 que les lois reconnaissant le judaïsme comme une religion d'État à égalité avec le catholicisme et le protestantisme, ont octroyé aux Juifs l'égalité des droits civiques, inaugurant ainsi ce qu'on a souvent appelé l'âge d'or du judaïsme hongrois (1867–1918). À partir du XVII$^{e}$ siècle et jusqu'au milieu du XIX$^{e}$, comme c'était le cas dans beaucoup d'autres pays européens, les Juifs hongrois ont été soumis à des lois discriminatoires qui restreignaient leurs lieux de résidence, imposaient des quotas dans les universités, les astreignaient à payer des impôts supplémentaires, et limitaient par ailleurs leurs droits à l'égalité économique et judiciaire. Toutefois, au début des années 1900, les Juifs émancipés ont apporté une contribution importante aux domaines scientifique, artistique, littéraire, politique et sportif. Dans les années 1920, ils ne constituaient que 6 % de la population hongroise, mais la moitié des avocats et des médecins, 35 % des journalistes et des éditeurs, et ils possédaient 40 % de l'ensemble des entreprises.

L'avenir des Juifs de Hongrie, qui semblait sûr grâce à un climat de plus grande tolérance, s'est néanmoins révélé instable. Avec l'effondrement de l'empire des Habsbourg au cours de la Première Guerre mondiale et la crise politique qui s'en est suivie en Hongrie, les Juifs sont devenus les boucs émissaires des nationalistes conservateurs ainsi que des communistes révolutionnaires. La propagande de la gauche les considérait comme des capitalistes petits-bourgeois et des ennemis de la classe ouvrière. Les forces contre-révolutionnaires de la droite, quant à elles, les présentaient comme des gauchistes, les rendant responsables des pertes territoriales subies pendant la Première Guerre mondiale lorsque la Hongrie a perdu les deux tiers de ses territoires au profit de ses voisins. La situation ne s'est pas améliorée lors de la formation d'un nouveau gouvernement hongrois en 1920, qui a proclamé l'amiral Miklós Horthy régent et chef de l'État. Les Juifs de Hongrie qui avaient joui d'une si grande liberté durant l'âge d'or, sont désormais devenus l'une des premières minorités d'Europe soumise à la législation antijuive, la loi du *numerus clausus* de 1920, qui a restreint à nouveau l'accès des Juifs à l'enseignement supérieur. Dix ans plus tard, en 1932, la Hongrie a nommé un nouveau Premier ministre conservateur, un partisan fasciste et ultra nationaliste, Gyula Gömbös. Il devait être l'un des premiers leaders étrangers à rencontrer Hitler et à soutenir le régime nazi. Entre 1941 et 1944, des dizaines de milliers de Juifs ont été enrôlés dans l'armée hongroise et ont servi dans des bataillons de travail forcé afin de soutenir la campagne du Troisième Reich contre l'Union soviétique. Distingués par des brassards jaunes, ils ont été soumis à un traitement épouvantable, assumant les tâches les plus dangereuses. Dépourvus de l'équipement et des vêtements appropriés, près de 42 000 de ces militaires sont morts sur le front soviétique.

Le projet nazi d'extermination de tous les Juifs d'Europe, plus connu sous le nom de « solution finale », n'a toutefois atteint la Hongrie que tardivement. Le gouvernement hongrois pronazi n'avait adopté que quelques-unes des mesures antijuives des nazis et, à l'époque où l'Allemagne hitlérienne a commencé à faire régner la terreur contre les Juifs des pays occupés, les leaders juifs de Hongrie continuaient à se montrer optimistes quant à leur sort. Il se peut que leur confiance ait été naïve, mais elle n'est pas difficile à imaginer. S'ils avaient bien eu vent de rumeurs concernant les déportations des Juifs d'Allemagne, d'Autriche, de Pologne et de Tchécoslovaquie, ils n'avaient en revanche pas la moindre idée des massacres de masse dans les camps de la mort. Ils étaient également convaincus que le nouveau Premier ministre hongrois, Miklós

Kállay, qui avait été élu en 1942, les protégerait. Une circonstance paradoxale a modifié le destin des Juifs de Hongrie. En 1943, Kállay a entamé des pourparlers secrets avec les puissances occidentales en vue d'obtenir que la Hongrie se retire de la guerre et que son alliance avec l'Allemagne soit dissoute. Lorsque les nazis ont découvert le projet de Kállay en octobre 1944, Hitler a ordonné de renverser le gouvernement hongrois. Le leader évincé a été envoyé au camp de concentration de Dachau en Allemagne et remplacé par Ferenc Szálasi, un partisan du régime nazi et un farouche antisémite qui a rapidement instauré la dictature du parti des Croix-Fléchées.

En mars 1944, une disposition visant à envoyer en Pologne les travailleurs de sexe masculin afin de « contribuer » à l'effort de guerre s'est muée en un plan de déportation de tous les Juifs hongrois. Le 19 mars 1944, l'Allemagne a occupé la Hongrie et des mesures ont été mises en place pour rendre la Hongrie *judenrein* (sans Juifs). Adolf Eichmann, chef du département de la Gestapo chargé de la mise en œuvre de la « solution finale », est arrivé avec une unité spéciale de 200 commandos en vue de commencer à isoler les Juifs, de confisquer leurs biens, de les enfermer dans des ghettos et de les déporter. Le 5 avril 1944, tous les Juifs hongrois ont reçu l'ordre de porter l'étoile jaune. Les déportations vers les camps de la mort ont commencé le 15 mai 1944 avec l'aide des Croix-Fléchées et la coopération des services civils hongrois. Dans un court intervalle de deux mois, 437 685 Juifs hongrois, dont la plupart venaient de la campagne aux alentours de Budapest, ont été transportés à Auschwitz. La majorité d'entre eux a été directement envoyée dans les chambres à gaz.

Quelques personnes comme le père de Judy, considérant avec méfiance les changements intervenus en Hongrie en 1944, ont réussi à trouver un refuge pour leurs enfants ou pour leur famille. Judy note que son père avait entendu des récits concernant les camps de concentration, émanant de détenus qui s'étaient échappés; il s'agit très certainement du rapport que Rudolf Vrba et Alfred

Wetzler avaient fait circuler après leur évasion miraculeuse d'Auschwitz le 7 avril 1944 et leur fuite en Slovaquie. En dépit du fait que le Conseil juif slovaque avait transmis le rapport Vrba-Wetzler aux chefs de la communauté juive de Hongrie pour les prévenir, de nombreux Juifs refusaient toujours de croire que les nazis avaient l'intention de les massacrer avec l'aide du régime imposé par le parti des Croix-Fléchées.

Le père de Judy n'a pas été de ceux-là : il s'est procuré de faux papiers prouvant que Judy était une petite « Aryenne » catholique répondant au nom d'Ilona Papp, et grâce à l'aide d'une fidèle amie de la famille, Mária Babar, Judy a été confiée à la garde des sœurs ursulines. Des milliers d'enfants juifs comme Judy ont été sauvés grâce à la bonté d'amis et d'institutions chrétiennes qui ont fait bénéficier les Juifs de leur protection. Mais même ces établissements n'étaient pas à l'abri des SS et des officiers des Croix-Fléchées qui menaient des raids pour débusquer les Juifs cachés. Craignant pour sa sécurité, Mária a ramené Judy à Budapest au bout de quelques mois afin de la cacher dans son propre appartement. C'est là que Judy a attendu la fin de la guerre en compagnie de sa grand-mère et de sa tante Marika qui vivaient sous de faux noms. En 1994, Yad Vashem, l'Institut Commémoratif des Martyrs et des Héros de la Shoah, a décerné à Mária le titre de « Juste parmi les Nations ».

Tandis que Judy était au couvent à la campagne, les projets de déportation des 247 000 Juifs qui demeuraient encore à Budapest en avril 1944 battaient leur plein. Le 3 mai 1944, les Juifs ont reçu l'ordre de déclarer leurs biens et, le 16 juin, on les a contraints à s'installer dans les « maisons juives » (*sárga csillagos házak*). Quelques Juifs de Budapest, comme les parents de Judy, se sont retrouvés dans des trains en partance pour Bergen-Belsen en Allemagne afin de servir, en qualité de « Juifs d'échange », de rançon au camp de concentration contre de l'argent et du matériel industriel dont l'armée allemande, qui essuyait alors des pertes, avait terriblement besoin. À cette époque, le rapport Vrba-Wetzler avait trouvé une plus large audience dans le monde, en particulier aux États-Unis, ce qui a eu pour conséquence que le Vatican et des pays neutres tels la Suisse et la Suède, avaient fini par se sentir concernés. Le gouvernement suédois a autorisé le diplomate Raoul Wallenberg à distribuer des passeports suédois et à créer des « lieux sûrs », sauvant ainsi des milliers de Juifs. La question de savoir pourquoi le reste des Juifs de Budapest n'a pas été déporté n'est toujours pas élucidée, mais fin octobre 1944, les déportations se sont subitement interrompues. Les Croix-Fléchées n'en ont pas moins continué à harceler et à brutaliser les Juifs de la ville. Ce mois de décembre au cours duquel Judy, sa grand-mère et sa tante se cachaient dans l'appartement de Mária a été particulièrement meurtrier. Des dizaines de milliers de Juifs comme Judy et ses parents s'étaient efforcés d'attendre la fin de la guerre en se cachant dans des maisons chrétiennes. Les Croix-Fléchées ont rassemblé des milliers d'entre eux, les ont conduits sur les rives du Danube et les ont fusillés. À la fin de la guerre, lorsque les troupes soviétiques ont libéré la ville, le 13 février 1945, elle comptait à peine plus de 100 000 Juifs. Moins de la moitié de la population juive d'avant-guerre, dont le nombre s'élevait à 247 000, avait réussi à survivre.

Judy a retrouvé ses parents après la guerre. Pour de nombreuses familles juives de Budapest, la réadaptation à la vie après la guerre a été un douloureux et difficile processus. La mort ou la disparition de leurs parents ou de leurs amis leur était confirmée, et, aux yeux du nouveau Parti communiste hongrois au pouvoir, les négociants comme les Grünfeld étaient assimilés à une « catégorie d'étrangers ». Confrontés à ces réalités, les parents de Judy ont alors conçu le projet d'émigrer au Canada. Bien que ce pays ait scandaleusement fermé ses portes aux réfugiés juifs pendant la guerre, la politique d'immigration s'était quelque peu relâchée après la guerre et la tante de Judy qui résidait au Canada a pu les parrainer. En 1948, Judy et ses parents ont troqué leur appartement « en échange » de passeports hongrois leur permettant de quitter le pays, et ils se sont acheminés vers un camp de personnes déplacées (DP) dans le secteur de l'Autriche qui était sous contrôle américain. À partir de ce moment-là, ils ont fait partie des quelque 40 000 survivants de l'Holocauste qui ont émigré au Canada à la fin des années 1940 et qui ont choisi, pour beaucoup d'entre eux, de s'établir à Montréal.

Les parents de Judy ont dû faire face à de nombreux défis pour s'adapter à leur nouvelle vie à Montréal. Son père a connu des ennuis financiers et des problèmes de santé, si bien que c'est sa mère qui a eu la responsabilité de maintenir la famille à flot. Judy a néanmoins été une brillante élève tant à la Montreal High School for Girls (école secondaire pour filles de Montréal), qu'à la West Hill High School (école secondaire West Hill), obtenant son diplôme et un premier prix d'histoire en 1954. Son certificat d'aptitude à l'enseignement lui a été délivré en 1955 par le Macdonald College for Teachers (Collège universitaire de formation des professeurs Macdonald). Trois ans plus tard, elle a obtenu son baccalauréat à la Sir George Williams University à Montréal, aujourd'hui l'Université Concordia. C'est également à cette époque qu'elle a fait la connaissance de son futur époux, Tevia Abrams, à l'université. Ils se sont mariés en 1957 et ont eu deux enfants, Ira, née en 1964, et Eugène, né en 1965. Judy a été une enseignante très appréciée à l'école primaire de même que par la suite, en tant que spécialiste du français, lorsqu'elle enseignait à la Commissions des écoles protestantes du Grand Montréal. En 1968, Judy et Tevia, accompagnés de leurs enfants, ont déménagé aux États-Unis afin d'intégrer des programmes de deuxième et troisième cycles à l'Université d'État du Michigan. Tevia a fait son doctorat en théâtre et en communication avec pour sujet d'études le théâtre populaire en Inde, ce qui les a conduits à habiter dans ce pays pendant un an. Ils y sont retournés par la suite pour travailler, de 1990 à 1993. Judy, quant à elle, a obtenu une maîtrise en linguistique. En 1983, elle ajoutera une seconde maîtrise à son actif, cette fois-ci en anglais langue étrangère [*TESOL*]. En 1972, la famille a déménagé à New York où Tevia a travaillé au Fonds des Nations unies pour la population, tandis que Judy a enseigné le français et l'anglais langue seconde jusqu'en 2002. Actuellement, elle se partage entre ses deux domiciles de New York et de Montréal où vivent son fils Eugène et sa femme Julie, ainsi que son petit-fils Émile, né en 2001.

Des fragments de la biographie de Judy Abrams apparaissent dans les archives du Quai 21 à Halifax, dans un court métrage intitulé *In Hiding* qu'utilisent les enseignants aux États-Unis, ainsi que dans l'anthologie *Remember Us*, un recueil de 30 mémoires d'enfants cachés en Hongrie, qu'elle a coédité. Judy continue à donner des cours particuliers et à écrire lorsqu'elle en a le temps.

## EVA MARX : UNE QUESTION DE CHANCE

Fille unique d'Eugène (Jenö) Felsenburg et d'Hélène (Ilonka) Weisz, Eva Felsenburg Marx est née le 21 octobre 1937 en Tchécoslovaquie, dans la ville de Brno, un centre urbain industriel et dynamique de la région de Moravie, qui fait actuellement partie de la République tchèque. Comme beaucoup de familles juives de l'époque, ses parents avaient émigré de petits villages de Slovaquie vers des villes plus grandes et plus modernes telles que Brno, afin de profiter de meilleures opportunités économiques et éducatives. À la naissance d'Eva, il y avait à Brno (Brünn, en allemand) une population florissante de 12 000 Juifs, et la ville abritait de nombreux propriétaires et hommes d'affaires juifs comme le père d'Eva, qui possédait deux magasins de fourrures.

Lors de l'occupation de la Tchécoslovaquie par l'armée allemande, le 16 mars 1939, une vie d'errance a commencé pour la famille d'Eva. Il est clair que cette invasion les a surpris. Des familles comme celle d'Eva avaient joui d'une relative sécurité depuis la création de la Première République tchécoslovaque lors de la dissolution de l'Empire austro-hongrois suite à la Première Guerre mondiale, et elles soutenaient fidèlement le nouveau gouvernement démocratique présidé par Tomáš Garrigue Masaryk. Bien avant que la République ne se forme, en 1918, les Juifs avaient joué un rôle clé dans l'industrie et le commerce dans les régions de Bohême et de Moravie. La loi de 1849 sur la liberté de circulation avait autorisé les Juifs à quitter les zones où ils étaient assignés à résidence et à s'installer dans des villes qui leur étaient jusqu'alors interdites, leur donnant accès de ce fait à de nouveaux modes de pensée. Les Juifs ont fait partie des mouvements urbains judéo-tchèques qui, comme la famille de Judy, ont adopté la modernité et se sont assimilés afin de s'adapter aux normes culturelles en vigueur dans la population chrétienne majoritaire. Même ceux des Juifs fidèles à leurs origines écrivaient et parlaient l'allemand et le tchèque plutôt que le yiddish, et sont demeurés de loyaux sujets de l'Empire des Habsbourg. Les soldats juifs, comme le grand-père d'Eva, ont fièrement combattu pour leur pays, et un certain nombre d'entre eux sont morts au combat au cours de la Première Guerre mondiale.

La Première République tchécoslovaque a incorporé les provinces de Bohême et de Moravie, de même que des parties de la Silésie, de la Slovaquie et de la Ruthénie subcarpatique qui étaient autrefois des provinces de la Hongrie. La Tchécoslovaquie englobait ainsi de nombreux groupes ethniques : Tchèques, Allemands des Sudètes, Slovaques, Magyars (Hongrois), Ukrainiens, Juifs, Polonais et Tsiganes. La nouvelle démocratie présidée par Masaryk garantissait la liberté de conscience et de religion, assurait des droits égaux à toutes les minorités et affirmait la séparation de l'Église et de l'État. En 1921, sur une population de 13,5 millions d'habitants en Tchécoslovaquie, on comptait 354 000 Juifs. Un nombre important d'entre eux figuraient dans les services ou les professions du secteur public. Ils représentaient également 30 à 40 % de l'investissement en capital dans l'industrie. En 1936, environ 18 % de tous les étudiants du pays étaient Juifs. Cette chance ne s'étendait pas nécessairement aux femmes juives qui, comme la mère d'Eva, devaient souvent tabler sur des mariages arrangés pour progresser dans la société tchécoslovaque. Néanmoins, peu après son établissement en 1918, la République a rapidement accordé le droit de vote aux femmes, avant même la Grande-Bretagne et les États-Unis.

L'ascension de Hitler au pouvoir et ses projets – en parfaite infraction avec le traité de Versailles de 1919 – d'étendre les frontières de l'Allemagne afin de créer une « Grande Allemagne » en Europe, ont eu des conséquences d'une portée considérable pour la jeune république. La première étape accomplie par Hitler dans cette voie a été l'annexion de l'Autriche, connue sous le nom d'*Anschluss*, le 12 mars 1938. La seconde étape a consisté à exploiter les doléances des 3 millions de *Volksdeutsche* (Allemands de souche) qui vivaient dans les Sudètes, c'est-à-dire dans les territoires le long des frontières de la Tchécoslovaquie avec l'Allemagne et l'Autriche, et à exiger que ces régions soient transférées au III^e^ Reich. Dans l'espoir d'éviter une autre guerre, la Grande-Bretagne et la France ont unilatéralement décidé de céder les Sudètes à l'Allemagne lors de la conférence de Munich en septembre 1938. Mais, très rapidement, Hitler a voulu bien plus que ce qu'offraient les termes de cet accord puisque, le 15 mars 1939, l'armée allemande a fait son entrée en Tchécoslovaquie. La partie occidentale du pays, où se trouvait Brno, est passée sous le contrôle direct des Allemands. La région slovaque de l'ancienne république est devenue un État fantoche gouverné par le Parti populaire slovaque pronazi de Hlinka (HSSP), que présidait le père Jozef Tizo. Dans le sud-est reculé de la république, la Hongrie a annexé la région de la Ruthénie subcarpatique où vivaient les grands-parents maternels d'Eva.

Du jour au lendemain, la vie des Juifs de Bohême et de Moravie s'est rapidement dégradée. À Brno et à Prague, la capitale, des synagogues ont été détruites, des entreprises et des propriétés ont été confisquées, et les Juifs ont été isolés comme des parias. Le 16 novembre 1941, un millier de Juifs de Brno ont été internés dans la caserne militaire aménagée dans la forteresse du Spielberg avant d'être transférés vers un ghetto de Minsk en Biélorussie. On les a conduits dans une forêt voisine où on les a massacrés. Une semaine plus tard exactement, le 24 novembre 1941, les nazis ont instauré un ghetto juif et un camp de concentration dans la vieille ville fortifiée de Terezín (Theresienstadt, en allemand), à 48 kilomètres de Prague, et les déportations de masse des Juifs de Tchécoslovaquie ont commencé peu après. Au total, entre novembre 1941 et mai 1945, environ 140 000 Juifs de Prague, de Brno et d'autres villes ont été envoyés tout d'abord à Terezín puis, pour 90 000 d'entre eux, dans des camps de la mort en Pologne occupée. Près de 30 000 autres ont été décimés à Terezín même, dont 15 000 enfants.

Après l'invasion des nazis, les parents d'Eva ont rapidement déménagé pour protéger leur fillette et ils l'ont envoyée chez ses grands-parents maternels à Vráble, une petite ville de la région de Slovaquie qui avait été annexée par la Hongrie lors de la partition de 1939. Afin d'éviter d'être déportés, les parents d'Eva ne restaient pas au même endroit longtemps. Au cours des cinq années suivantes, la petite Eva n'a pas vraiment pris conscience du danger qui l'entourait, du fait qu'elle participait à la vie du village dans la maison de ses grands-parents et que sa famille élargie ainsi que sa nourrice chérie, Marka, prenaient soin d'elle. Il n'y avait que 250 Juifs à Vráble, mais ils menaient une vie juive traditionnelle et très vivante. Eva se souvient avec tendresse des repas que confectionnait sa grand-mère pour le shabbat et de ses jeux avec les enfants du village. Elle voyait également parfois sa mère ou rendait visite à sa famille élargie, à Budapest. À la même époque, les conditions dans le reste de la Slovaquie n'étaient guère meilleures que dans le protectorat allemand de Bohême et Moravie. La Slovaquie avait institué en 1941 des lois raciales, connues sous le nom de Code juif, qui dépouillaient de leurs droits tous ceux d'origine juive et qui les excluaient de la vie publique. De mars à octobre 1942, alors qu'Eva était à l'abri chez ses grands-parents, près de 70 000 Juifs slovaques ont été transférés dans des camps de la mort en Pologne comme Sobibór, Maïdanek et Auschwitz.

À l'été 1944, alors que la résistance slovaque aux nazis et au gouvernement pro-fasciste de Tizo ont commencé à avoir le vent en poupe, le père d'Eva s'est débrouillé pour trouver une cachette pour sa famille à Nitra, l'une des plus anciennes villes de Slovaquie, et pour faire parcourir clandestinement à Eva la courte distance qui séparait Vráble de Nitra. Les gens savaient en Slovaquie que l'Armée rouge avançait rapidement vers l'ouest et le père d'Eva sentait sans doute qu'il vaudrait mieux que sa famille attende ce qu'ils espéraient, à savoir une capitulation imminente de l'Allemagne. Quel qu'ait été son raisonnement, Eva a retrouvé ses parents au printemps 1944, et son départ lui a sauvé la vie. Peu de temps après en effet, en mai 1944, la Hongrie a commencé à déporter à Auschwitz les Juifs de la campagne hongroise.

Eva et ses parents ainsi que deux autres familles ont dû attendre la fin de la guerre pendant sept mois de plus, cachés dans un appartement. Lorsque les troupes soviétiques ont libéré la zone en avril 1945, près de 1 400 Juifs vivaient avec de faux papiers ou protégés par la célèbre *yeshivah* (une institution juive orthodoxe se consacrant à l'étude des textes de la tradition) de Nitra, mais tous n'ont pas eu la chance d'Eva et de sa famille. En septembre 1944, alors que les gardes de Hlinka continuaient à pourchasser avec acharnement les Juifs qui se croyaient à l'abri, Eva et sa famille se trouvaient toujours dans leur cachette. En effet, 300 Juifs de Nitra qui se dissimulaient dans des appartements comme celui d'Eva ont été découverts et envoyés à Auschwitz.

Lorsqu'enfin la guerre s'est achevée, en mai 1945, la mère d'Eva est retournée à Vráble où elle a appris que toute sa proche famille avait été tuée. Quelques parents de la famille paternelle d'Eva ont réussi à survivre en se cachant à Budapest, de manière assez semblable à Judy et à sa famille. En 1945, le président Edvard Beneš, exilé à Londres où il avait soutenu les Alliés, est rentré au pays et a pris la tête de la Seconde République de Tchécoslovaquie, restaurant à nouveau la démocratie. Eva et sa famille sont revenues à Brno où son père a rétabli son entreprise, et Eva est retournée à l'école avec des enfants de son âge. Mais, dans cette période de l'après-guerre, la vie n'a pas pour autant repris son cours normal pour la plupart des Juifs d'Europe. Revenir dans les villes et les foyers où tant de proches et d'amis avaient été tués était une souffrance accablante. Ce traumatisme et ce bouleversement ont été exacerbés pour les Juifs vivant dans des secteurs contrôlés par les Soviétiques. En effet, en février 1948, le Parti communiste tchécoslovaque a organisé un coup d'État qui a mis un terme à la démocratie dans ce pays pour des décennies. Les entreprises privées ont presque immédiatement été nationalisées et le père d'Eva a perdu une fois de plus tout ce qu'il avait mis sur pied.

En 1948, les Juifs de Tchécoslovaquie se sont à nouveau retrouvés à la recherche d'un havre de sécurité. Le nouvel État d'Israël, dont l'indépendance avait été proclamée le 14 mai 1948, a encouragé les survivants de l'Holocauste à émigrer vers la terre de leurs ancêtres et à contribuer au développement du pays. À Vráble, la plupart des 97 Juifs qui étaient revenus de la guerre sont partis pour Israël; à Nitra également, la majorité des 600 Juifs survivants a rallié Israël en 1949. Les organisations sionistes, telles que le mouvement de jeunesse laïc du *Hashomer Hatzaïr*, se sont montrées particulièrement actives pour recruter des immigrants et organiser leur départ pour Israël. Ces organisations ont mis en place des centres d'entraînement qui insufflaient aux jeunes le sentiment de leur identité juive en défendant l'égalité sociale, en leur enseignant des chants hébraïques ainsi que l'histoire juive, et en les préparant pour une nouvelle vie en Israël en les habituant à des activités physiques intenses. C'est ainsi qu'Eva, par exemple, décrit le camp d'hiver organisé par le *Hashomer Hatzaïr* auquel elle a participé.

De même que d'autres survivants de l'Holocauste, la famille d'Eva a projeté de s'installer en Israël pour commencer une nouvelle vie. Toutefois, au dernier moment, son père pressentant que ses activités de fourreur trouveraient mieux à s'exercer dans un pays froid, a changé d'avis et décidé de faire émigrer sa famille au Canada. Parrainés par la tante d'Eva, Hedvig, la sœur aînée de son père, ils sont arrivés au Canada en 1949, la même année que Judy Abrams et ses parents. Bien que leurs chemins ne se soient jamais croisés, Eva, tout comme Judy, a fêté ses 12 ans sur le bateau qui l'emmenait au Canada et elle s'est installée avec ses parents à Montréal où de nombreux immigrants juifs se sont établis dans l'industrie du vêtement.

L'importance de la famille joue un rôle clé dans le mémoire d'Eva. Son profond attachement à ses parents, qui se sont efforcés de mettre sur pied une entreprise de fourrure à Montréal, est remarquable, compte tenu des nombreuses adaptations auxquelles elle-même a dû faire face. Tandis que ses parents, épuisés, travaillaient de longues heures durant pour façonner et réparer les fourrures, Eva a elle aussi travaillé durement, se montrant brillante élève et tissant de profonds et durables liens d'amitié avec des camarades. En 1958, après avoir obtenu son baccalauréat, Eva, tout comme Judy Abrams, a mené à bien un programme accéléré de formation au professorat au Collège Macdonald, à Sainte-Anne-de-Bellevue, au Québec. C'est à cette époque qu'elle a rencontré son futur époux, Herbert Marx, qui allait faire une éblouissante carrière d'avocat, devenant ministre de la Justice et procureur général du Québec de 1985 à 1988, puis juge à la Cour supérieure du Québec de 1989 à 2007. Eva et Herbert se sont mariés en 1959. Alors qu'elle enseignait à la Elmgrove Elementary School de Montréal, Eva a également suivi des cours du soir à l'Université Sir-George-Williams, et elle a obtenu son baccalauréat en 1962. Elle a poursuivi ses études et obtenu son diplôme de maîtrise en sociologie à l'Université de Montréal en 1987. Elle a donné naissance à ses deux enfants, Robert et Sarah, respectivement en 1965 et 1970, et est actuellement une grand-mère fière de ses quatre petits-enfants : Ella, Hannah, Harry et David. Le dévouement dont Eva a fait preuve à l'égard de sa mère au cours des dernières années de sa vie demeure un exemple de l'esprit de générosité qui imprègne son mémoire de part en part.

Lorsque nous lisons les mémoires d'enfants qui, comme Eva Marx et Judy Abrams, ont survécu à l'Holocauste, il convient de ne pas oublier que la plupart des enfants juifs dans les pays occupés par les nazis n'avaient qu'une chance minime d'échapper à la mort et de pouvoir ensuite nous transmettre leur expérience avant de décéder. Les récits de survie que nous avons la chance de pouvoir lire n'ont pas simplement rapport au passé : ils portent en eux le message du respect de la vie et de la liberté qui sont tout autant nécessaires et pertinents aujourd'hui qu'à l'époque de la guerre. Décider de transmettre leur histoire aux générations futures, comme l'ont fait Judy Abrams et Eva Marx, nous interpelle dans la mesure où nous sommes tous les gardiens de la mémoire des innombrables enfants cachés qui n'ont pas eu la possibilité de faire connaître le récit de leur parcours personnel.

*Mia Spiro*
York University
2011

---

RÉFÉRENCES BIBLIOGRAPHIQUES
ET COMPLÉMENTS DE LECTURE :

Abrams, Judy et Evi Blaikie, dir. *Remember Us : A Collection of Memories from Hungarian Children of the Holocaust*. The Hungarian Children of New York. Bloomington, Indiana : Authorhouse, 2010.

Bergen, Doris. *The Holocaust : A Concise History*. Lanham, Maryland : Rowman and Littlefield, 2009.

Braham, Randolph. *The Politics of Genocide : The Holocaust in Hungary*. New York : Columbia University Press, 1981.

Braham, Randolph et Scott Miller, dir. *The Nazis' Last Victims : The Holocaust in Hungary*. Détroit : Wayne State University Press, 1998.

Case, Holly. « Territorial Revision and the Holocaust : Hungary and Slovakia during World War II », dans *Lessons and Legacies VIII : From Generation to Generation*, sous la dir. de Doris Bergen. Evanston, Illinois : Northwestern University Press, 2008, p. 222–246.

Dwork, Deborah. *Children with a Star : Jewish Youth in Nazi Europe*. New Haven, Connecticut : Yale University Press, 1991.

Krell, Robert. « Psychological Reverberations of the Holocaust in the Lives of Child Survivors ». Washington, DC : United States Holocaust Memorial Museum, 1997.

Marks, Jane, dir. *The Hidden Children : The Secret Survivors of the Holocaust*. New York : Ballantine, 1993.

Paldiel, Mordecai. « Fear and Comfort : The Plight of Hidden Jewish Children in Wartime Poland », dans *Holocaust and Genocide Studies*, 6(4), 1991, p. 397–413.

Specter, Shmuel et Geoffrey Wigoder, dir. *Encyclopedia of Jewish Life Before and During the Holocaust*, vol. 1 – 3. New York : New York University Press, 2001.

Reiter, Andrea. *Children of the Holocaust*. Londres : Vallentine Mitchell, 2005.

Rothkirchen, Livia. *The Jews of Bohemia and Moravia : Facing the Holocaust*. Lincoln, New England : University of Nebraska Press, 2005.

Tec, Nechama. « A Historical Perspective : Tracing the History of the Hidden Children Experience », dans *The Hidden Children : The Secret Survivors of the Holocaust*, sous la dir. de Marks, Jane. New York : Ballantine, 1993, p. 273–291.

United States Holocaust Memorial Museum. « Hidden Children »; « The Holocaust in Slovakia »; « Hungary after German Occupation ». *Holocaust Encyclopedia*. http :// www.ushmm.org/wlc/en. URL consultée le 15 mars 2011.

*Retenue par un fil*

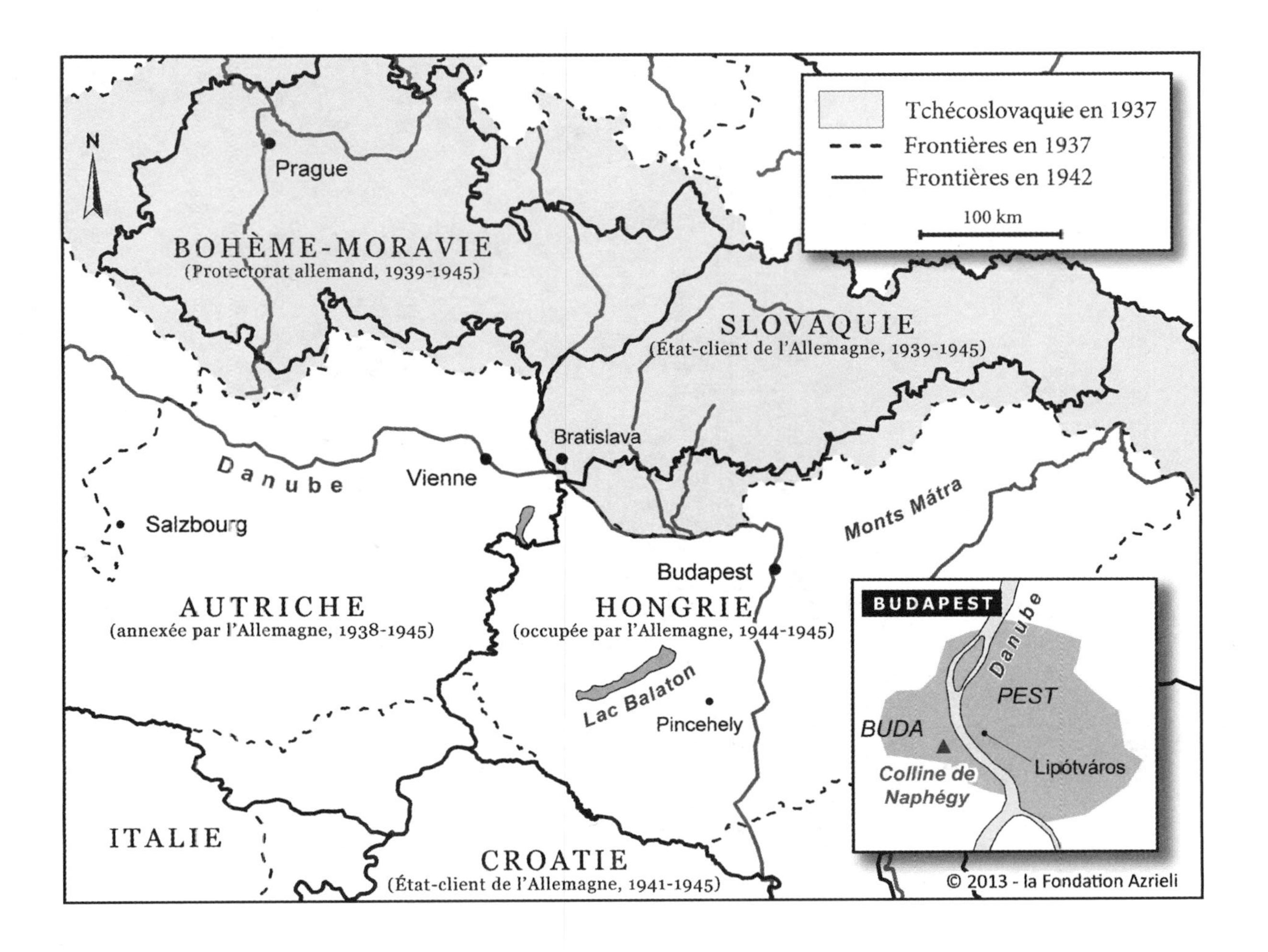
Tchécoslovaquie en 1937
Frontières en 1937
Frontières en 1942
100 km
N
Prague
BOHÈME-MORAVIE
(Protectorat allemand, 1939-1945)
SLOVAQUIE
(État-client de l'Allemagne, 1939-1945)
Bratislava
Danube
Vienne
Salzbourg
Monts Mátra
Budapest
AUTRICHE
(annexée par l'Allemagne, 1938-1945)
HONGRIE
(occupée par l'Allemagne, 1944-1945)
Lac Balaton
Pincehely
ITALIE
CROATIE
(État-client de l'Allemagne, 1941-1945)
BUDAPEST
Danube
PEST
BUDA
Lipótváros
Colline de
Naphégy
© 2013 - la Fondation Azrieli

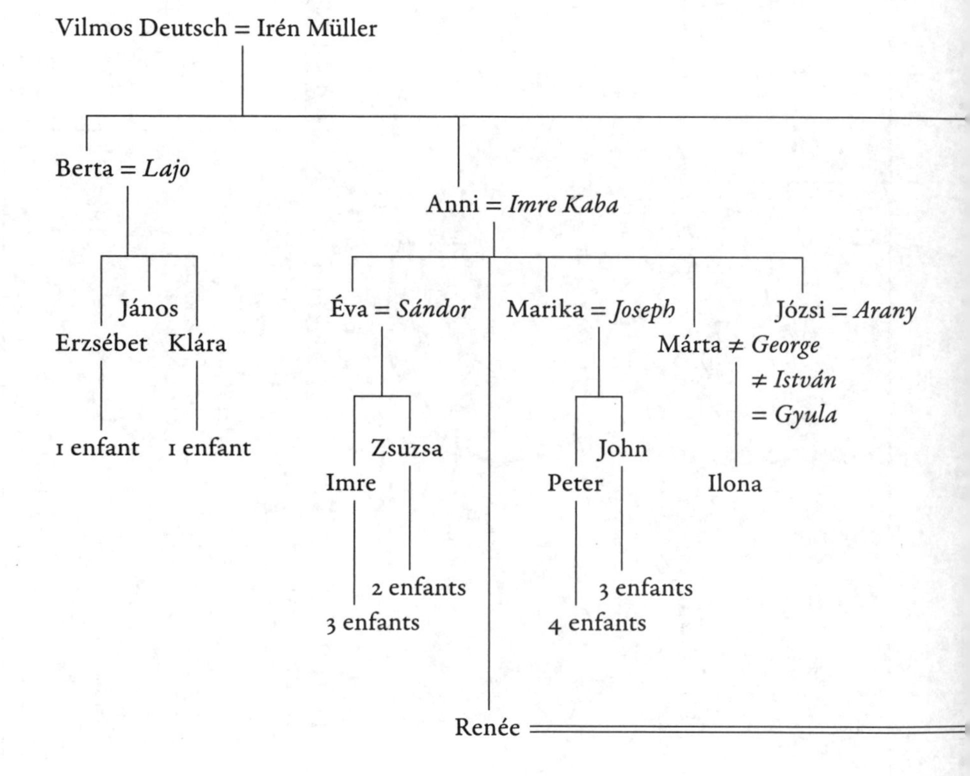
Vilmos Deutsch = Irén Müller
Berta = *Lajo*
Anni = *Imre Kaba*
János
Erzsébet
Klára
1 enfant
1 enfant
Éva = *Sándor*
Marika = *Joseph*
Józsi = *Arany*
Márta ≠ *George*
≠ *István*
= *Gyula*
Zsuzsa
Imre
John
Peter
Ilona
2 enfants
3 enfants
3 enfants
4 enfants
Renée

# Arbre généalogique

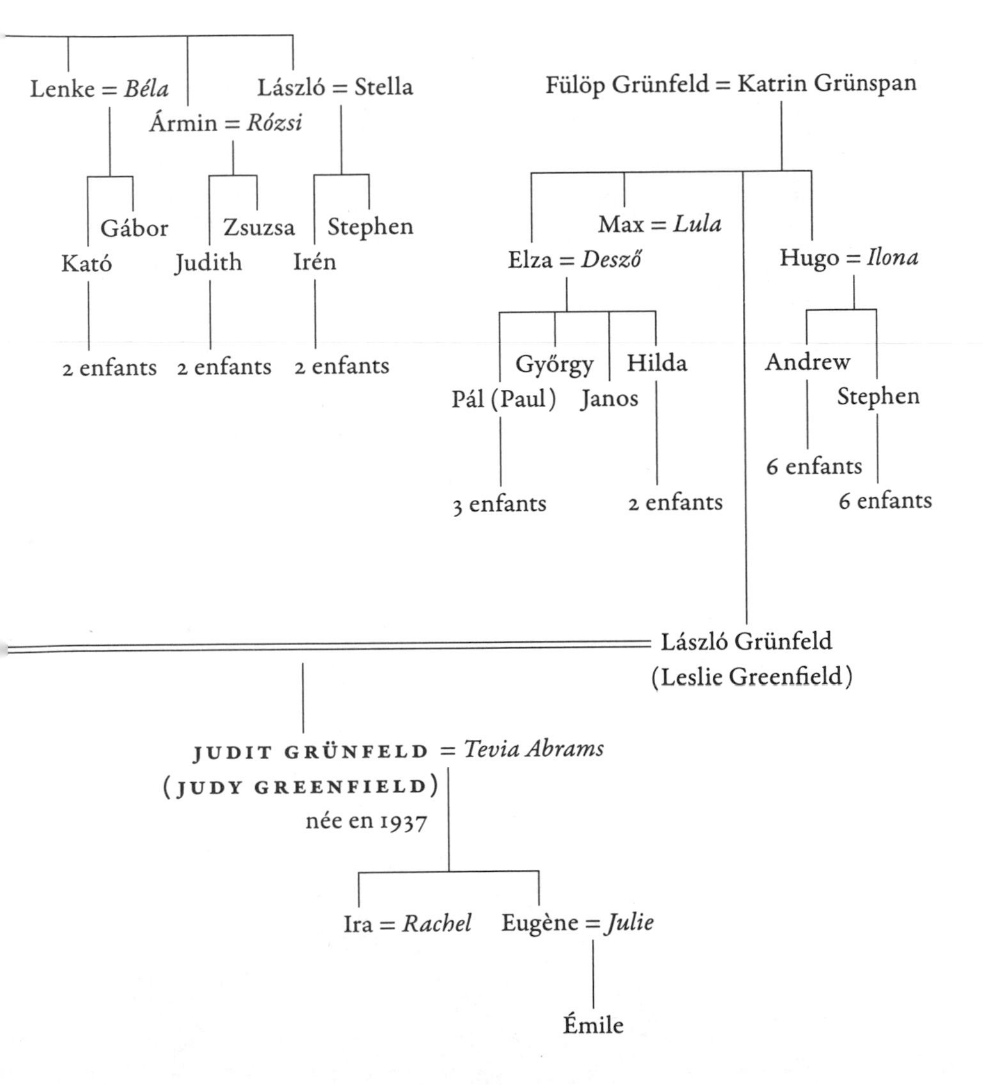

*« J'ai perdu deux villes, deux villes que j'adorais. Et plus encore quelques royaumes que je possédais, deux fleuves, un continent. »*

*« L'art de la perte n'est guère difficile à maîtriser. »*

*Elizabeth Bishop*, One Art

*À mes parents, Leslie et Renée Greenfield, qui ne m'ont pas perdue, et à Tevia qui m'a aidée à me trouver.*

# Le boulevard des Marronniers

Nous marchions le long du Fasor, une large avenue bordée de marronniers sauvages près du parc de la ville. Ma mère et moi marchions main dans la main sous les arbres verts et luxuriants parés de leurs plus beaux atours printaniers, des grappes de fleurs blanches et roses qui ressemblaient à des arbres de Noël en miniature. C'était une rue que je connaissais bien. D'ici à quelques semaines, leurs pétales allaient couvrir le trottoir, formant un moelleux tapis rose dans lequel j'aimais traîner les pieds. Puis les fleurs seraient remplacées par des cosses rondes et vertes, couvertes d'épines, qui feraient ployer les branches sous leur poids jusqu'au début de l'automne, date à laquelle elles aussi tomberaient sur le trottoir, libérant des marrons d'un brun acajou brillant. J'avais pour habitude d'en recueillir un plein sac que je stockais tout l'hiver dans un profond tiroir. Ils y perdaient alors progressivement leur éclat et commençaient à se rider, semblables à des visages flétris de vieillards, rejetés, et finalement remplacés par la nouvelle récolte du printemps suivant. Mais il ne devait pas y avoir de marrons sauvages pour moi l'automne prochain. Nous étions en avril 1944, à Budapest. L'armée allemande avait envahi la Hongrie le 19 mars. J'avais 7 ans.

Ma mère me serrait la main plus que nécessaire, bien que je ne sois pas du genre à me précipiter sur la chaussée sans faire attention. Les quelques passants que nous avons croisés ont dû nous trouver discrètes : une femme aux cheveux bruns, vêtue d'un tailleur de tweed gris, et une fillette en robe de tricot bleu pâle. Mes épaisses tresses étaient attachées ensemble par deux grands nœuds qui ressemblaient à des ailes de papillon me propulsant en avant. Nous portions toutes deux de légers manteaux repliés sur nos bras. Il faisait plutôt chaud pour un mois d'avril, et il n'était pas insolite d'avoir envie de marcher au soleil sans manteau. Ceux qui nous voyaient ne pouvaient pas deviner que c'était là quelque chose de dangereux. Sur ces manteaux, que nous portions avec tant de désinvolture repliés sur l'envers, était cousue, comme sur tous nos vêtements d'extérieur, l'étoile de David obligatoire, qui nous stigmatisait comme Juifs[1].

« Pourquoi devrais-je cacher l'étoile ? Je suis fière d'être juive », avais-je déclaré, ignorante des menaces qu'impliquait le fait d'être vue dans la rue avec l'étoile délatrice. D'ordinaire j'étais obéissante, et mes accès intermittents de bravade verbale ne faisaient que renforcer l'admiration des adultes qui m'entouraient. J'étais l'enfant précoce et adorée de parents aisés.

Comment mes parents m'avaient-ils convaincue de l'importance de nier mon identité, de la nécessité de soutenir que j'étais une petite fille chrétienne répondant au nom d'Ilona Papp, et non pas la Juive Judit Grünfeld ? J'avais toujours aimé les jeux d'imagination, mais d'une manière ou d'une autre, ils m'avaient fait comprendre que celui-ci était bien réel. Je n'ai jamais trahi mon secret. En fait, je désirais tant croire que j'étais cette autre enfant, plus désirable, que je ne me souviens pas que mes parents m'aient manqué. En définitive, je croyais qu'eux-mêmes et le passé que nous avions partagé

---

1 Pour ce qui est de l'étoile de David, de même que pour les organisations, les événements ou les personnages importants, les lieux, les termes religieux et culturels, ainsi que pour les mots étrangers et les expressions contenues dans le texte, on se reportera au glossaire.

représentaient quelque chose de répréhensible, de honteux et, pis encore, un péché. Porter mon manteau replié sur l'envers n'était que la première étape de cette nouvelle façon de penser.

~

Née à Budapest le 28 avril 1937, je suis la fille de Renée (née Kaba) et de László Grünfeld. Les ancêtres de ma mère, la famille Deutsch-Müller, étaient installés à Budapest depuis le XIX$^{e}$ siècle. La famille de mon père, qui tirait sa fortune du négoce de vins, est arrivée plus tard du nord-est de la Hongrie. Enfant unique d'une famille de la moyenne bourgeoisie, j'ai fréquenté autrefois le jardin d'enfants dans une école Montessori et je suis entrée en 1$^{re}$ année à l'école primaire locale de *Sziv utca* (rue du Cœur) avant que les Allemands n'envahissent la Hongrie. Compte tenu de la prise de pouvoir des nazis, je n'ai jamais pu achever cette première année.

Mon père était très engagé dans l'Organisation sioniste hongroise et, contrairement à d'autres Juifs hongrois, il ne se berçait pas d'illusions en espérant que les Allemands et les Hongrois « civilisés » ne s'attaquent pas aux Juifs. Il prêtait foi aux histoires incroyables de persécutions que racontaient les réfugiés des pays occupés par les nazis; il croyait même aux récits sur ces endroits inconcevables qu'étaient les camps de concentration et que rapportaient les quelques détenus qui avaient réussi à s'en échapper. Ce printemps-là, mon père était parvenu à me procurer de faux papiers. S'agissait-il de copies ou de faux fabriqués de toutes pièces ? Quoi qu'il en soit, ils m'ont ouvert les portes de la communauté hongroise chrétienne. Grâce à l'aide de Mária Babar, une fervente catholique qui avait autrefois travaillé pour notre famille, mes parents ont pris des dispositions pour me cacher chez les sœurs ursulines.

Ma mère avait pris une décision, aussi courageuse que douloureuse, en me conduisant sous les marronniers sauvages en fête vers le couvent des sœurs ursulines de la rue Stefánia, proche de

Városliget, le parc de la ville dans lequel, il y a à peine quelques mois, je jouais encore avec ma bonne. Ma mère a fait retentir la sonnette au portail de la haute grille de fer noire entourant le couvent. Derrière elle, on découvrait un jardin dont, si je me souviens bien, l'herbe hirsute, qui avait grand besoin d'être entretenue, était parsemée de pissenlits jaunes. Lorsque j'ai réussi tout récemment à contacter les sœurs ursulines hongroises, elles m'ont envoyé la photographie du couvent tel qu'il était en 1944. Ma mémoire concernant la grille de fer était exacte.

Le jour où ma mère et moi sommes arrivées à la maison mère des Ursulines, une femme étrange, revêtue d'une longue robe noire, nous a ouvert la grille. On ne pouvait apercevoir qu'un coin de son visage derrière le strict bandeau blanc qui barrait son front et auquel était attachée une guimpe blanche amidonnée. Aucun cheveu ne dépassait derrière le voile de soie noire qui tombait du bandeau jusqu'au-dessous de ses épaules et qui était fixé par une épingle au sommet de sa tête.

C'était la première fois que je voyais une religieuse d'aussi près. Il m'a semblé que mon estomac se contractait autour d'un caillou que je n'avais pourtant pas avalé. C'est là une sensation dont je me souviens précisément, une sensation qui revient à chaque fois que je suis confrontée à une crise inévitable. Sans doute m'a-t-elle souri lorsque ses mains se sont échappées des larges manches de sa vaste robe pour s'emparer des miennes car, tandis que je la suivais le long de l'allée qui conduisait au pavillon de stuc jaune à deux étages, ce caillou dans mon ventre a commencé à disparaître.

Ma mère m'a certainement fait signe de la main lorsqu'elle s'est éloignée de la grille qui s'est refermée sur moi. Nous n'allions pas nous revoir avant un an. Comment m'a-t-elle dit au revoir ? Il se peut qu'elle ait dit quelque chose se terminant par *pipikém* (ma poulette), le terme d'affection qu'elle utilisait en hongrois à mon égard. Je me souviens seulement que je me suis sentie étrangement soulagée lorsqu'elle m'a autorisée à suivre toute seule ma nouvelle compagne.

Autour de la taille de cette femme vêtue de noir se balançait un cordon de grandes perles orné d'une croix qui rebondissait à chacun de ses pas vifs. Lorsqu'elle a ouvert la porte d'entrée, elle s'est adressée à moi pour la première fois en utilisant mon nouveau nom, « Ilona » ou son diminutif « Ili ». Personne n'allait plus m'appeler « Judit » ou « Juditka » pendant près d'un an. Maintenant, le jeu commençait pour de bon. Je devais devenir Ilona Papp, une fillette catholique, provisoirement séparée de ses parents dans la campagne hongroise. J'étais munie de papiers impeccablement blancs justifiant mon identité, d'un acte de naissance et d'un certificat de baptême.

À l'intérieur du couvent, les volets étaient clos et le mobilier des vastes pièces était recouvert de draps blancs comme dans notre appartement de Budapest lorsque nous partions pour les vacances d'été au lac Balaton ou dans les montagnes de Mátra. La Mère supérieure avait fait évacuer à la campagne la plupart des religieuses ainsi que des élèves pensionnaires vers le village de Pincehely, en Transdanubie, afin de les mettre à l'abri du bombardement imminent de la capitale, et je devais bientôt les y rejoindre. Comme je l'ai découvert des années plus tard, le bâtiment de la rue Stefánia a été détruit par les bombes et seule la chapelle où les quelques religieuses restées sur place s'étaient abritées, était resté intact. J'étais vraiment en sécurité à la campagne.

Ce soir-là, j'ai eu droit à une collation froide, que j'ai mangée seule dans la grande cuisine déserte, assise à une table de bois en compagnie de la religieuse qui nous avait ouvert la porte. J'ai dormi dans une chambre où j'étais seule dans un vaste lit, enfouie sous un doux édredon de coton blanc, et non pas rose et bleu pâle comme celui de la maison. Le lendemain, j'ai fait la connaissance d'une religieuse plus âgée, de petite taille, potelée et enjouée, qui m'a appris les prières et les autres rudiments constitutifs du rituel : l'Ave Maria et le Notre Père, quelques questions et réponses dans le catéchisme, et comment se servir du chapelet. Celui qu'elle m'a donné, fait de petits grains blancs, finira par me sauver la vie. J'ai appris facilement les paroles et les gestes qui me feraient passer pour une enfant particulièrement pieuse. C'était là la clé d'un nouveau jeu. À ceci près que je ne faisais plus semblant mais que j'avais endossé le rôle que je devais jouer.

J'ai également reçu un petit livre de prières noir, que je possède toujours, enfoui au fond de l'un de mes tiroirs, tout aussi inutilisé que les mouchoirs sous lesquels il repose, un souvenir du moi que j'ai abandonné après la guerre.

Est-ce à ce moment-là que j'ai rencontré la Mère supérieure ? C'était une grande femme dont le voile de soie était encore plus fin que celui des autres religieuses. Lorsqu'elle m'a attirée à elle et que je me suis laissé faire dans les amples plis du vêtement noir, mon visage a frôlé la silhouette d'argent sur la croix de bois patinée, et ce contact froid m'a fait reculer. Ou bien l'ai-je seulement imaginé ?

Avant de monter dans un train avec l'une des sœurs pour le bref voyage qui nous a conduites à la campagne, des ciseaux ont coupé les fils qui attachaient l'étoile jaune à mon manteau bleu ciel. Cette fois-ci, je n'ai plus protesté que j'étais fière d'être juive. La sœur a présenté nos papiers aux gendarmes hongrois aux casques garnis de plumes de coq. Ceux qu'on appelait les *csendőr* (gendarmes), avaient la réputation de traquer, de tourmenter et de déporter les Juifs dans la campagne hongroise. « *Dicsértessék a Jézus Krisztust !* » (Loué soit Jésus-Christ !) ont-ils dû dire à l'intention de la religieuse, et sans doute ont-ils jeté un regard affectueux à la gentille petite fille chrétienne dans son manteau bleu ciel débarrassé de tout stigmate. Tout semblait si facile. Désormais, il n'y avait plus qu'Ilona, Ili, et personne ne lui cracherait dessus en l'appelant « *Büdös Zsidó* » (Juive puante) comme l'un des ouvriers de son père l'avait fait à son autre moi. Elle ne portait pas d'étoile jaune, elle était devenue une « vraie » fillette hongroise.

Lorsque nous sommes arrivées, je me souviens d'une longue table de bois brut dans le jardin du couvent, dressée pour le goûter qui se composait d'épaisses tranches de pain de campagne beurrées et de bols de café au lait. Fini le cacao que j'avais l'habitude de déguster à la maison dans la tasse de porcelaine ornée de myosotis. J'étais prête à accepter ce nouveau plaisir, jusqu'au moment où j'ai remarqué une couche parcheminée qui se formait à la surface du breuvage. Je détestais la « peau » du lait chaud. Était-ce un dégoût qu'aurait une jeune chrétienne ? J'ai fermé les yeux et, m'étouffant presque avec la pellicule visqueuse, j'ai avalé tout de go le liquide chaud sans même prendre le temps de respirer.

# Les grains du salut

Tandis que je marchais sous les tilleuls au doux parfum, j'accueillais avec plaisir chaque douloureux caillou sous mes pieds nus. Je marmonnais l'Ave Maria que j'avais récemment appris, en égrenant mon chapelet, le collier de petites perles blanches se terminant par un crucifix d'argent. Il était exactement de la bonne taille pour que de petits doigts puissent s'y mouvoir en récitant une prière à chaque grain. J'excellais aux jeux d'imagination, j'y étais même si bonne que j'avais fait disparaître mon moi juif, le refoulant dans les recoins tabous de mon esprit. À la fierté que j'avais autrefois ressentie en portant l'étoile de David, avait succédé la satisfaction de répéter les prières appropriées à chaque grain blanc de mon chapelet tout neuf.

Dans le jardin du couvent de Pincehely, des sentiers de petits cailloux rouges et pointus s'entrecroisaient. Je faisais volontairement pénitence pour les péchés que j'avais commis la semaine précédente, à l'instar des saints martyrisés. Ce n'était pas le mensonge concernant mon identité véritable qui était en cause, mais d'autres, correspondant davantage à mes croyances actuelles. Notamment les coups d'œil coupables aux garçons avec lesquels ma nouvelle amie Mari et moi-même partagions une chambre. C'était pour moi un péché véniel que de les regarder alors qu'ils baissaient rapidement leurs pyjamas pour susciter notre admiration. Même si c'étaient nos camarades de chambre qui avaient pris cette initiative, il s'agissait là d'un geste imprudent qui aurait pu trahir leur secret, celui que nous partagions tous quatre, car ils étaient circoncis. Nous ne parlions jamais de notre identité juive, pas même à nos meilleurs amis.

« Aïe ! » – un caillou rouge et pointu a failli transpercer la tendre plante de mon pied habitué au macadam. J'ai accueilli cette douleur avec plaisir, preuve de mon sacrifice par amour pour la merveilleuse et blonde Vierge Marie, drapée d'une cape bleu pâle, portant son nouveau-né rose dans les bras, telle qu'elle était représentée au plafond de la chapelle. « Ave Maria », ai-je récité avec ferveur, espérant qu'elle ne m'en voudrait pas d'avoir oublié ma poupée Anikó sous la pluie; de n'avoir pas mangé les poivrons verts grillés et luisants qu'on avait servis au dîner la veille au soir; de ma futilité lorsque j'ai voulu que la sœur attache mes tresses avec un large nœud de satin blanc brillant plutôt qu'avec de minces rubans bleu marine; de ma jalousie lorsque l'écriture d'Ági a attiré plus d'éloges que la mienne; de ma paresse également, de ne pas m'efforcer d'écrire mieux. « Aïe ! » de nouveau. J'ai égrené le grain suivant. Je n'avais qu'à mieux me conduire. « Ave... »

Nous étions au mois de juillet, il faisait merveilleusement chaud et beau, un temps idéal pour cueillir les cerises et pour goûter les tiges des herbes que j'appelais blé sauvage. Cela faisait maintenant trois mois que j'étais au couvent de Pincehely, où j'apprenais un peu d'arithmétique et d'orthographe le matin, mais où je passais beaucoup plus d'heures à lire les histoires des saints dont mes nouveaux amis et moi-même collectionnions et échangions avec avidité les images. Les saints patrons que j'avais choisis étaient sainte Thérèse d'Avila et saint François d'Assise. L'image à laquelle je tenais le plus était celle de saint François nourrissant la volée d'oiseaux qui l'entourait. On nous enseignait également les bonnes réponses aux questions du catéchisme et à rivaliser entre nous en les répétant sans une seule erreur.

La sœur chargée de nous enseigner cette discipline était gentille, mais elle n'était pas jolie. Je m'en étais rendu compte en dépit du fait que le bandeau blanc sur son front, attaché à sa guimpe amidonnée, masquait en grande partie son visage. Sa tête était couverte d'un voile blanc, et non pas noir comme celui des autres sœurs : c'était une novice, elle n'avait pas encore prononcé ses vœux définitifs. Des sourcils et des cils foncés laissaient deviner qu'elle était brune et non pas blonde comme la peinture de la chapelle. J'ai pris la décision de me faire religieuse et lorsque j'en ai fait part aux sœurs, elles ont approuvé mon choix, des sourires se dessinant sur le petit ovale de leurs visages encadrés de noir et de blanc. C'était le désir d'être plus méritante qui me poussait à arpenter les sentiers de graviers du jardin et à passer d'un grain du chapelet à l'autre, d'un Ave à un autre Ave, parfois ponctués de cris de douleur inopinés.

À l'automne, mon pèlerinage de pénitente sur les sentiers de gravier rouge a pris fin avec l'arrivée soudaine de Mária. C'est à elle que m'avaient confiée mes parents lorsqu'ils avaient quitté Budapest pour un voyage qui devait les conduire au camp de concentration de Bergen-Belsen. La Mère supérieure avait contacté Mária et lui avait demandé de me prendre avec elle à Budapest où je serais plus en sécurité, car les SS allemands (les forces de la sécurité hitlérienne en uniforme noir) avaient été avertis de la présence de Juifs dans les couvents et les monastères. Ils se livraient à des atrocités contre les Juifs qu'ils découvraient et punissaient avec brutalité ceux qui osaient leur offrir un abri. Nous sommes retournées à Budapest le lendemain, munies d'une petite valise contenant des effets personnels indispensables et ma souriante poupée de celluloïd, Anikó. Tout ce que mes parents avaient pu donner aux religieuses en mon nom était désormais perdu à tout jamais.

Je regrettais de quitter le couvent et le jardin familier entourés de luxuriants champs et vergers. La maison de stuc jaune aux étroits corridors où les religieuses glissaient, revêtues de noir, les perles de bois de leurs rosaires cliquetant à chacun de leurs pas pressés, allait me manquer. Je ne m'assiérais plus jamais avec crainte et respect dans la chapelle le dimanche matin, apaisée par la musique liturgique, admirant les broderies élaborées sur la soutane du prêtre officiant à l'autel, humant le parfum de l'encens flottant dans les encensoirs d'argent qu'agitaient les garçons du village, dont les surplis blancs bordés de dentelle ressemblaient aux nappes de la maison. Il me fallait oublier tout cela.

Le voyage de retour à Budapest a été très différent de celui qui m'avait conduite à la campagne. À l'époque, j'étais confortablement assise dans un compartiment à côté de la religieuse qui avait eu droit à un « Loué soit Jésus-Christ ! » de la part des passagers et des fonctionnaires, qui s'étaient signés en se touchant le front puis les épaules. Nous nous trouvions maintenant dans le couloir, au milieu de paysannes revêtues d'amples jupes froncées multicolores. Tout le monde avait des bagages. Il y avait des valises bourrées, attachées avec de la ficelle, et des paniers de nourriture contenant de gros salamis et d'énormes miches de pain de campagne, enveloppés dans un tissu à carreaux. Des poulets et des oies, pattes liées, remplissaient également les paniers, gloussant et cancanant tout au long du trajet jusqu'à la ville. Ma main gauche était cramponnée à celle de Mária tandis que j'étreignais de la droite les grains de mon chapelet, rassurée par la protection terrestre d'une femme d'un côté et par l'intervention céleste de l'autre.

Nous étions en 1944 et la Seconde Guerre mondiale touchait à sa fin, mais la Hongrie continuait à soutenir l'armée allemande, qui essuyait des pertes. Ferenc Szálasi, le dictateur fasciste du pays contribuait toujours avec ardeur à l'éradication des Juifs d'Europe. Sa troupe dévouée, la brigade des Croix-Fléchées (*Nyilas*), collaborait avec les SS allemands au rassemblement des Juifs dans des fourgons à bestiaux, envoyant la plupart d'entre eux dans les camps de la mort d'Auschwitz et de Birkenau. Cette brigade, un refuge pour les chômeurs et les jeunes peu instruits, parcourait les rues de Budapest, arrêtant les Juifs qui transgressaient le couvre-feu obligatoire, qui ne portaient pas l'étoile jaune, ou qui possédaient de faux papiers « aryens ». Ils se complaisaient à exercer leur pouvoir sur les femmes, les enfants et les personnes âgées, arborant fièrement leur emblème – un brassard aux flèches entrecroisées formant la croix fléchée, symbole de leur allégeance à Szálasi, à Hitler et à la mort.

À l'époque où Mária et moi-même avons pris le train pour aller de Pincehely à Budapest, presque tous les Juifs de la campagne hongroise avaient été déportés, et Budapest était la seule capitale européenne où il y avait encore une importante population juive. Ces Juifs avaient réussi à vivre dans des immeubles qu'on appelait des maisons juives, signalées par des étoiles de David. Ces appartements étaient partagés par plusieurs familles, la plupart d'entre elles étant composées de femmes, d'enfants et de personnes âgées, puisque les hommes en bonne santé avaient d'ores et déjà été envoyés dans des *munkaszolgálat*, des bataillons de travaux forcés, pour assister l'armée sur le front de l'est où se déroulait la guerre.

Que savais-je de tout cela ? Peu de choses sans doute, tout au plus avais-je pu en surprendre quelques bribes. Alors que Mária et moi-même nous trouvions dans ce train exigu, je ne savais rien non plus du sort de mes parents qui se trouvaient désormais à Bergen-Belsen, le camp de concentration en Allemagne où Anne Frank avait passé ses derniers jours. J'ai eu la chance de trouver refuge auprès de Mária, de ma grand-mère Nagyi et de la sœur de ma mère, tante Marika, qui étaient déjà installées dans le minuscule studio de Mária lorsque nous sommes arrivées. Mária les avait secourues lorsque la femme qui avait accepté (moyennant finances) de les abriter chez elle dans les environs de Budapest avait pris peur et les avait renvoyées au beau milieu de la nuit.

Dans cet appartement surpeuplé, l'affection dont Mária m'a entourée et son caractère enjoué ont compensé le silence farouche de ma grand-mère et la calme tristesse de ma tante. Je ne me souviens pas quels étaient leurs nouveaux noms, mais elles aussi ont dû attester par écrit de leur origine « aryenne ». Nous n'avons jamais parlé du passé, mais nous vivions dans un présent lourd de dangereux secrets. Ma grand-mère s'efforçait de maintenir des critères de comportement élevés en matière d'ordre et de propreté, la guerre et la persécution n'ayant pas entamé ses attentes. Elle me rappelait toujours de ne pas utiliser un torchon pour m'essuyer les mains lorsque des serviettes étaient à disposition.

Celle que j'aimais le mieux, c'était Mária. Elle était affectueuse et même drôle, et m'emmenait à l'église avec elle le dimanche au bout de Naphegy (la colline du Soleil) où nous habitions. J'ai appris à aimer le parfum de l'encens et les refrains de la messe en latin. Ma grand-mère fronçait les sourcils lors des séances de chapelet que je partageais avec Mária. Les manifestations extérieures de la foi, quelles qu'elles soient, lui paraissaient de mauvais goût, comme la transgression d'un code de conduite personnel. Cela valait également pour mon chapelet, qu'elle tenait à bout de bras si je le laissais traîner, comme s'il n'était pas très propre.

Je reléguai ma vie antérieure et mes parents dans un passé coupable où eux comme moi pouvions être tenus pour responsables de la crucifixion du Christ. J'avais entendu des accusations épouvantables contre les Juifs, selon lesquelles c'étaient des escrocs, des individus cupides, qui commettaient même des crimes rituels. Il n'était pas étonnant que je sois heureuse de me dissocier de tels ancêtres.

# Mon premier et unique Noël

Noël est arrivé et Mária a apporté un vrai arbre de Noël qui occupait une grande partie de l'unique pièce exiguë dans laquelle ma grand-mère, tante Marika, Mária et moi-même vivions. Il était entouré de légers fils de cheveux d'ange et j'attendais avec impatience de pouvoir allumer les bougies posées en équilibre sur chaque branche. J'avais aussi hâte de pouvoir goûter aux traditionnels bonbons de Noël hongrois, enveloppés dans du papier argenté, et accrochés à l'arbre. Au pied du sapin se trouvait une pile de cadeaux : ceux que j'allais ouvrir et ceux que j'avais cousus et collés en les enveloppant soigneusement pour la famille et les amis. La fête promettait d'être encore plus belle qu'un anniversaire.

Le soir de Noël, nous avons enfin partagé notre repas de fête. Je ne me souviens pas de ce que nous avons mangé, même si je suis sûre que ce n'était pas la dinde traditionnelle. Il me semble qu'il y avait des gâteaux aux graines de pavot en forme de fer à cheval et également des gâteaux sucrés fourrés à la noix que les Juifs appellent *beigli* et les chrétiens *patkó*. S'approvisionner en nourriture était devenu très difficile du fait que l'armée soviétique approchait de Budapest. La viande et le sucre étaient strictement rationnés et on ne pouvait s'en procurer qu'en présentant les petits carrés verts de la carte de rationnement, sur lesquels était mentionné le montant alloué. Je me demande aujourd'hui si Mária avait osé demander des cartes de rationnement pour ses « invités ». Quelle qu'en ait été la provenance, la fête a été splendide. En aurions-nous profité mieux encore si nous avions su que ce serait là notre dernier bon repas avant plusieurs mois ?

Quand les lumières se sont allumées, j'ai été ravie. J'ai entonné mon chant de Noël favori : « *Mennyből az angyal leszállt a földre* » (L'ange est descendu du ciel sur la terre). Je chantais avec ardeur avec Mária et ses invités. Celle que je préférais était « tatie Concierge », toute potelée, qui était responsable de notre immeuble. Elle me souriait chaleureusement et approuvait la piété avec laquelle j'égrenais mon chapelet et la collection d'images saintes que je conservais précieusement. Ma tante, belle et élégante dans une symphonie de laine et de soie aux couleurs douces, chantait faux quelle que soit la liturgie et nous gratifiait de discordants : « *Lássátok ! Lássátok !* » (Contemplez ! Contemplez !). Ma grand-mère, vêtue de noir, qui portait le deuil depuis la mort de son mari plusieurs années auparavant, ne pouvait rien faire d'autre qu'ouvrir et fermer silencieusement les lèvres à chacune des paroles. Elle n'était pas pieuse. Son judaïsme se réduisait à une foi tranquille s'exprimant dans l'observance des prescriptions alimentaires, les repas spéciaux qui présidaient à chaque fête, et l'allumage des bougies le vendredi soir et lors des anniversaires commémoratifs des morts.

Avant que nous n'ayons pu entonner les derniers refrains, un formidable « Boum ! » s'est fait entendre, suivi du hurlement des sirènes des raids aériens retentissant à travers la ville. Depuis Naphegy, à Buda, où se trouvait l'appartement de Mária, nous avons pu voir, semblable à des feux d'artifice, l'explosion des ponts au-dessus du Danube. On entendait tonner les mortiers de la Colline du Château où se dressait le château royal surplombant cette scène de dévastation. Les mitrailleuses crépitaient, des grenades lancées à la main explosaient, les fenêtres volaient en éclats, des escadrilles d'avions vrombissaient au-dessus de nos têtes.

Nous nous sommes réfugiées au sous-sol qui nous servait d'abri anti-aérien de fortune. Les femmes de la maison s'étaient préparées à un tel événement en divisant le vaste espace en différentes parties dont l'une servait d'entrepôt. Il y avait des matelas sur de vieux châlits de fer, des conserves sur les étagères – y compris du canard frit dans des bocaux remplis de graisse de canard – et de grands sacs de jute brun contenant de la farine, des oignons et des pommes de terre. Tout ceci avait été préparé en prévision du moment où nous ne pourrions plus sortir nous procurer de la nourriture.

Mes cadeaux de Noël, ceux que je devais recevoir et ceux que je voulais distribuer, sont restés à l'étage et ont été enterrés sous les décombres de la maison qui s'est progressivement effondrée au-dessus de nos têtes. Le siège de Budapest a commencé le jour de mon premier et unique Noël.

~

De Noël 1944 à février 1945, nous ne sommes que rarement sorties, miraculeusement saines et sauves alors que l'immeuble s'effondrait toujours plus autour de nous. Dans le sous-sol, tatie Concierge et moi étions devenues de grandes amies. Elle m'a procuré des confiseries sans faillir, même durant le siège de Budapest.

Des années plus tard, l'Histoire allait attester qu'à cette époque, la Seconde Guerre mondiale touchait à sa fin. J'ai découvert par la suite que Naphegy, l'endroit où nous vivions, était le dernier bastion des forces allemandes et hongroises qui combattaient l'Armée rouge. Au fur et à mesure que les Soviétiques se rapprochaient, le bruit de leur arrivée devenait assourdissant. L'électricité avait été coupée dès que nous étions entrées dans la cave où nous vivions la plupart du temps à la lumière des bougies et des lampes à pétrole. Les cheminées de verre disposées au-dessus des réservoirs ronds contenant le pétrole protégeaient la flamme vacillante des mèches et dirigeaient la fumée ainsi que les odeurs désagréables qui s'en dégageaient vers les poutres apparentes du plafond.

Je me souviens de deux occasions mémorables où nous avons été obligés de sortir de la pénombre de notre cave et de gravir les escaliers vers la lumière du jour. La première fois, ce devait être à la mi-janvier.

La neige sale était jonchée de décombres et d'éclats de verre provenant de la maison en ruines. Nous étions dos appuyé contre l'immeuble de stuc, qui à l'époque avait été endommagé par les obus, les bombes et les grenades. Je me trouvais parmi le groupe d'hommes et de femmes effrayés qui avaient été contraints d'abandonner la sécurité relative de notre abri. Nos yeux étaient rivés sur un petit groupe de jeunes gens qui nous dévisageaient de façon menaçante. Quelqu'un leur avait signalé que certains locataires cachaient des Juifs dans l'immeuble, et ils avaient pour mission de les débusquer.

Ces hommes n'étaient pas en uniforme. Je ne me souviens pas s'ils portaient des armes, mais leurs brassards marqués de la Croix-Fléchée étaient bien assez impressionnants. Nombre de rapports confirment qu'au moment même où les troupes soviétiques approchaient de Budapest pour enfin battre les Allemands, alors même que la ville était en ruines et que les ponts enjambant le Danube étaient détruits, ces gangs arpentaient encore les rues pour capturer ce qu'il restait de Juifs. À l'hiver 1944–1945, les victimes juives ont été alignées sur les berges du Danube et mitraillées jusqu'à ce qu'elles tombent et disparaissent dans les eaux glacées du fleuve. On n'entendait plus le grondement des trains transportant les Juifs vers les camps de concentration étrangers, et pourtant les Croix-Fléchées continuaient à jouer leur propre version de la « solution finale au problème juif ».

En dépit de ma foi fraîchement acquise et du fait que je croyais fermement à ma nouvelle identité, j'ai dû ressentir une soudaine inquiétude, pressentir que, cachée quelque part au fond de moi, Ilona Papp était quelqu'un de différent et de menacé. J'ai ressenti la terreur de ma grand-mère et de ma tante, et la colère de Mária qui tournait autour de nous. Même si elles étaient tout près, je me souviens que je me tenais seule dans mon manteau d'hiver gris à la capuche doublée de tissu bleu. Je l'avais hérité de ma cousine Zsuzsa qui avait toujours l'air particulièrement bien habillée et qui n'usait jamais ses vêtements. Les tenues d'occasion dont j'héritais parfois d'elle étaient extraordinaires. J'aimais beaucoup le manteau gris, mais je me suis sentie soudain gênée par son ampleur, gauche et vulnérable lorsque les jeunes gens (les « voyous » comme les appelait Mária en secret) ont inspecté nos papiers censés attester notre origine aryenne. Ils ont procédé lentement, un par un. Ils ont dévisagé longuement et de façon perçante ma tante et ma grand-mère lorsqu'ils ont vérifié leurs noms. Elles ont poussé un soupir de soulagement lorsque leurs papiers leur ont été rendus sans commentaire. Les yeux bleus de ma grand-mère et l'élégant profil de ma tante n'avaient attiré aucun soupçon. Puis mon tour est arrivé :

« Cet acte de naissance semble très récent, a commenté l'un d'eux.

– Bien sûr, a rétorqué ma grand-mère avec une autorité tout à la fois naturelle et désespérée. Jusqu'à présent, nous n'avions pas à nous promener avec nos papiers pour justifier notre identité ... » (A-t-elle aussi ajouté « à tout venant » ?)

L'un des hommes m'a regardée un peu trop attentivement et s'est entretenu avec ses collègues. « Cette enfant a l'air juive », a-t-il déclaré avec dédain. Je me souviens très clairement de la boule d'effroi que j'ai ressentie au creux de l'estomac. Je me souviens que je suis restée très calme et isolée, dans l'attente de ce qui allait suivre... Puis la voix de tatie Concierge a retenti au-dessus des coups de feu sporadiques qui nous entouraient. « Vous devriez avoir honte ! Cette enfant est une fervente catholique. Elle prie davantage que vous, espèce de vaurien ! »

En dépit des bruits de la bataille, le silence s'est abattu sur notre groupe de reclus, saisi de panique (j'ai découvert par la suite que la plupart d'entre nous étions des Juifs). Il y a eu un long, très long silence jusqu'à ce qu'on ait rendu mes papiers à Nagyi. Les perles du chapelet m'avaient sauvée.

# Une colère providentielle

En ce mois de janvier 1945 – il faisait froid en Hongrie, en particulier dans notre cave non chauffée – je venais d'échapper de peu au peloton d'exécution. Mais tous les habitants de notre fragile abri n'ont pas eu la même chance.

Parmi nous, un couple âgé (ils avaient probablement la cinquantaine mais, à mes yeux d'enfants, ils paraissaient vieux) occupait une petite « pièce » dans une partie reculée de la cave, un endroit autrefois utilisé pour stocker du bois ou du charbon. Ils parlaient peu. Vivant à l'écart, ils exhalaient une atmosphère d'élégance fanée : leurs cheveux, leur peau, leurs vêtements et la tristesse qui caractérisaient leurs mouvements lents et silencieux, tout était comme imprégné de nuances de gris. Sous les couches de vêtements extérieurs qui la protégeaient du froid, j'imaginais que la femme portait une robe simple, confectionnée dans un tissu souple aux couleurs douces. Ses cheveux étaient relevés en deux rouleaux ressemblant à des ailes, maintenus par deux fins peignes de corne brune, une coiffure très à la mode dans les années 1940. Tout comme ma tante Marika, elle n'avait jamais l'air négligée. C'était comme si leur vie antérieure, faite d'aisance et de bon goût, les avait suivis jusque dans les recoins de cette cave miteuse.

Soulagées d'avoir réchappé à l'inquiétante visite des Croix-Fléchées, ma grand-mère et ma tante m'ont expédiée dans notre coin attitré. Là, en relative sécurité, j'ai commencé à entendre des cris et des hurlements provenant de l'arrière du sous-sol. Puis la porte ouvrant sur l'extérieur a claqué tandis que le son de sanglots ininterrompus persistait. J'étais une enfant de nature curieuse et, en écoutant le chuchotement des conversations, je suis petit à petit parvenue à reconstituer l'histoire. Les « voyous » ne s'étaient pas contentés d'inspecter nos papiers et de nous dévisager. Les Hongrois de confession chrétienne étaient rarement circoncis. Après l'inspection à l'extérieur, les gangsters des Croix-Fléchées avaient fait rentrer le couple âgé dans la cave et avaient ordonné au vieux monsieur très digne de baisser son pantalon. Leurs soupçons confirmés, ils l'avaient embarqué pour rejoindre un contingent de Juifs qu'ils avaient « débusqués » et qu'ils menaient vers le Danube pour les passer au peloton d'exécution. Mais avant de l'emmener, ces hommes avaient violenté sa femme, cette dame élégante qui vivait au fond de la cave. Il s'agissait là d'un secret dont on ne m'a pas permis de parler. Après ce qui lui était arrivé, elle n'a plus relevé soigneusement ses cheveux sur sa tête et les vêtements d'homme qu'elle s'est mise à porter n'exhalaient plus son discret parfum.

Bizarrement, cette histoire a pourtant bien fini. Un jour, deux hommes sont arrivés à la maison portant sur un brancard de fortune le vieil homme que nous croyions mort. Dans sa jeunesse, il avait pratiqué la natation au niveau olympique. Alors que les victimes étaient alignées le long des berges du fleuve, faisant face au peloton d'exécution des Croix-Fléchées, il avait décidé de tenter sa chance et, avant que les balles n'aient pu l'atteindre, il avait sauté en arrière dans les eaux glacées du Danube. Nageant à travers les morceaux de glace qui flottaient, il était parvenu à regagner le rivage où une femme l'avait trouvé nu et contusionné, mais vivant. Elle l'avait soigné jusqu'à ce que les jeunes gens puissent le ramener à sa femme. Qui étaient ces jeunes gens ? Des fils ? Des amis ? Des voisins ? Toujours est-il qu'ils n'ont demandé aucun dédommagement.

Éternellement vêtue de noir, Nagyi commençait à ressembler à une vieille paysanne hongroise. Elle s'affairait, cuisant le pain sans levain à l'instar de nos ancêtres dans le récit de l'Exode d'Égypte, à ceci près que le pays de Canaan n'était désormais plus en vue. Elle essayait toujours de conserver un semblant de discipline et refusait de céder à mes requêtes de pain frais : en vertu des préceptes de quelque obscure règle d'hygiène, elle soutenait que le pain chaud était néfaste pour l'estomac. C'était elle qui répartissait soigneusement les morceaux de canard et d'oie qui restaient dans les bocaux de graisse jaune, de même que les stocks d'oignons et de pommes de terre qui allaient diminuant dans les sacs de jute.

Les privations et l'angoisse n'amélioraient pas son caractère naturellement sévère, pas plus qu'elles ne faisaient de moi une enfant plus docile. Je priais avec Mária et tatie Concierge, les charmant par ma foi, mais avec ma grand-mère, j'étais exigeante et capricieuse. Nous ne nous entendions pas bien et nous avions constamment besoin de l'intervention de ma gentille tante Marika, ou de Mária qui prenait d'ordinaire mon parti, et qui, à force de cajoleries et en m'appelant « *Kis Kutyám* » (ma petite poupée), obtenait de moi de meilleures dispositions. Mária parvenait également à apaiser ma grand-mère.

Les murs, peu épais, n'étouffaient pas les bruits de la bataille. Les bombes et les obus de mortier venaient s'écraser dans les décombres de la maison au-dessus de nous tandis que les balles des shrapnells s'incrustaient dans les murs. Les grenades atterrissaient dans le jardin plus fréquemment au fur et à mesure que les tirs d'artillerie se rapprochaient. Nous éprouvions des sentiments mitigés à l'égard des libérateurs soviétiques qui n'avaient pas très bonne réputation. Des histoires de pillage et de choses terribles commises à l'encontre des femmes circulaient. En outre, plus les lignes de combat se rapprochaient de notre maison, moins nos logements étaient sûrs. Nous étions à peine au-dessous du niveau du sol.

Dans le jardin contigu au nôtre, il y avait un véritable abri antiaérien, creusé en profondeur et recouvert d'une chape de ciment. Il a été décidé que nous, les habitants de la cave, tenterions de nous y tenir durant la journée et que nous rentrerions à la nuit tombée au moment où d'ordinaire les tirs se relâchaient. Lorsque nous sommes sortis de notre sombre taudis, nous avons trouvé le sol gelé couvert de débris. Nous avons trébuché, glissé, rampé, nous tenant baissés et parfois même allongés lorsqu'un tir ou un obus sifflait au-dessus de nos têtes. Des balles ricochaient sur les monticules gelés et je crois me souvenir que la neige n'était plus blanche mais maculée de taches de sang. Je me suis mise à pleurer et à supplier pour que nous retournions à la sécurité relative de notre sous-sol, mais en vain. Finalement, nous sommes arrivés à l'abri et nous avons descendu les marches pour nous engouffrer dans le profond et étroit tunnel où deux rangées parallèles de bancs couraient le long des murs de ciment.

Tatie Concierge et son groupe d'amis se sont installés près de gens, tous enveloppés dans des couvertures pour se protéger du froid, et qui étaient déjà assis sur les bancs étroits. Notre petit groupe – Mária, tante Marika, Nagyi et moi – a pris place à l'arrière de l'abri. Il était plus sage de ne pas trop nous exposer aux regards scrutateurs d'étrangers au cas où quelque chose dans notre apparence, nos paroles ou notre comportement, trahirait notre appartenance religieuse. Nous sommes restées assises là, à l'écart des autres, écoutant les sons assourdis de la bataille tout au long de la journée. Puis, à couvert de l'obscurité, nous avons rampé pour retourner dans notre abri peu sûr, vers les matelas aux ressorts affaissés des vieux lits en fer, et nous avons mangé quelque chose qui tenait lieu de dîner.

Le lendemain matin, je me suis montrée inflexible. J'ai pleuré et crié, refusant de bouger. Après m'avoir lancé un de ses regards cinglants, ma grand-mère dont les nerfs étaient désormais à vif, a jeté à terre la pile de couvertures qu'elle avait entassées pour le déplacement, et a déclaré en colère : « Très bien, mademoiselle l'hystérique. Je préfère encore mourir que d'entendre tes jérémiades. Nous resterons ici. Mais, je t'en prie, cesse de crier ! »

D'ordinaire, le qualificatif de « mademoiselle l'hystérique » avait l'effet contraire et ne faisait que redoubler l'ampleur de mes protestations. Mais cette fois-ci, je me suis instantanément arrêtée de pleurer, laissant Nagyi savourer sa victoire oratoire. À mon grand apaisement, le dangereux déplacement vers le lugubre abri anti-aérien a été annulé. Nous avons passé une autre journée dans notre cave, à écouter le grondement assourdissant du combat. J'en avais éprouvé un soulagement un peu pervers.

Le soir, les autres habitants sont revenus porteurs de terribles nouvelles : une bombe avait transpercé la chape en ciment de l'abri que nous croyions indestructible, occasionnant un énorme trou à l'arrière, précisément là où nous étions assises la veille. Nous aurions certainement à nouveau choisi la même place. Une fois de plus, nous l'avions échappé de peu.

Un jour de février, le soleil est passé obliquement à travers des trous dans la toile cirée qui recouvrait la porte aux vitres brisées du sous-sol. Tout était calme. Nous savions que les Soviétiques arriveraient très bientôt pour nous « libérer », mais aussi pour nous dépouiller des quelques biens que nous possédions encore. Prêtant foi aux rumeurs concernant le comportement des soldats à l'égard des jeunes femmes, Mária et ma jeune tante s'étaient cachées.

Et tout d'un coup, il s'est trouvé devant nous : un homme petit, aux cheveux bruns, revêtu de l'uniforme soviétique. Des rangées de médailles étincelantes accrochées à des rubans brillants s'étalaient sur sa poitrine. Il avait un visage aimable et intelligent. Nous avions appris quelques mots de russe en prévision de ce moment et j'ai prononcé un courageux bonjour : « *Zdrastvuitye !* » À notre grande surprise, il n'a pas répondu en russe mais nous a en revanche demandé dans la langue de Molière : « Parlez-vous français ? » Ce fut là un moment que Nagyi a savouré. Dans son français inimitable d'écolière hongroise, elle a répondu « Voui », retrouvant petit à petit son air de respectabilité, tout en traduisant pour les habitants de la cave les nouvelles selon lesquelles les Allemands avaient fini par capituler. À Budapest, la guerre avait pris fin.

# La suite

C'est seulement une fois achevée la bataille de Budapest et la ville officiellement libérée par les Soviétiques, que Mária et tante Marika ont osé quitter leurs cachettes. Nous étions en février 1945, et de notre appartement que nous avions abandonné le soir de Noël, il ne restait plus qu'un tas de décombres. Nous n'avions pas le temps de regretter les choses que nous avions perdues. Nous étions vivantes. Je me souviens de ma promenade avec Mária où nous avons traversé le Danube sur l'un des ponts provisoires. Les arches autrefois élégantes qui enjambaient le fleuve n'étaient plus qu'un enchevêtrement de métal tordu reposant sur des piliers brisés. En chemin, nous avons vu des maisons complètement rasées ou scindées en deux, des coupes transversales grotesques laissant apparaître des fragments de meubles et de papier peint qui semblaient accrochés en l'air. Dans quelques-unes, seules des parties du plancher étaient encore intactes, exposées à la vue de façon impudique.

En arrivant à l'élégant immeuble où la famille de ma mère vivait autrefois, nous avons constaté que les façades de stuc étaient criblées de trous de balles. Toutefois, la guerre avait miraculeusement épargné l'appartement lui-même. Mária m'a laissée en compagnie de Nagyi et de tante Marika : la vie allait reprendre son cours normal, désormais je ne lui appartenais plus.

Mária était, elle aussi, prête à commencer une nouvelle vie. Nous séparer a été douloureux, mais elle m'a promis de venir me chercher tous les dimanches pour une sortie. C'était notre secret : nous allions à la messe chaque semaine. Personne dans ma famille n'aurait apprécié que je continue à manifester un tel zèle pour la religion. Aux yeux du monde, j'étais redevenue Judit Grünfeld et désormais c'était Ilona Papp, celle qui aimait se rendre à l'église, qui était mon identité secrète.

L'appartement de ma famille était situé dans l'un des meilleurs quartiers de Pest (à Lipótváros, dans le cinquième arrondissement), derrière le Parlement et la promenade qui longeait le Danube. C'était un endroit sombre et lugubre. C'est à peine si l'on pouvait distinguer ma grand-mère, vêtue de noir comme à l'ordinaire, et tante Marika habillée avec goût dans des teintes pâles, parmi les quelques lourds et tristes sièges de bois sombre recouverts de tissus gris. Je me sentais seule dans le silence oppressant où les deux femmes ne cessaient de guetter les voix des absents.

Mon séjour avec Nagyi et tante Marika a pris fin lorsque la famille de mon père a revendiqué son droit patriarcal. La victoire incertaine est revenue aux Grünfeld, qui ont décidé que j'avais ma place dans la maison de ma tante Elza, la sœur aînée de mon père. Elza avait des petits-enfants de mon âge qui vivaient avec elle. J'éprouvais des sentiments mêlés en ce qui concernait ce changement : j'appréhendais à la fois d'emménager auprès d'une famille qui, pour m'être proche, n'en était pas moins étrangère, tout en étant soulagée d'échapper à la sévérité et à la surveillance hygiénique de ma grand-mère. Enfin, je me sentais légèrement coupable d'être contente.

Avant la guerre, mes parents et moi-même avions vécu au dernier étage de l'immeuble de la famille de mon père, qui en comptait trois et était situé dans un quartier moins chic de la ville. Ses parents, ses deux frères et sa sœur, Elza, vivaient également dans cet immeuble, mais je les connaissais beaucoup moins bien que la famille de ma mère. Après son mariage, ma mère avait conservé ses liens avec le cinquième arrondissement dans lequel elle avait grandi, ainsi qu'avec sa famille, qui comprenait quatre sœurs et un frère.

C'était un véritable matriarcat qu'exerçait ma grand-mère veuve. Elle appréciait ses gendres pour qui elle avait de l'affection, toutefois ils n'étaient que de simples figurants au cours des dîners rituels du dimanche soir qu'elle donnait avant-guerre et où dominait la conversation des femmes. Au terme de ces soirées, mes deux cousins et moi-même nous taquinions dans le vestibule pendant ce qui semblait des heures; les sœurs avaient toujours du mal à mettre un terme à leur conversation en cours, ou même à fermer la porte derrière elles afin de prendre congé et d'aller leurs chemins respectifs.

Mon entrée dans l'appartement surpeuplé et quelque peu chaotique de tante Elza a été une expérience nouvelle. Durant les semaines que j'y ai passées, je me suis plus amusée que jamais dans ma vie. Oncle Deszo était un homme corpulent, grisonnant et nerveux, aux manières excentriques, et toujours accaparé par quelque nouveau projet concernant ses affaires. Après la guerre, il stockait chez lui, pour son entreprise, une grande quantité de conserves aux étiquettes de couleurs vives, ainsi que des bocaux qui contenaient pour la plupart des saumures de différentes tailles et couleurs. Ils étaient rangés contre un mur de la pièce qui avait servi de salon avant-guerre. Mais ses insomnies devaient l'inciter à déplacer les montagnes de boîtes de conserves et de bocaux car, de bonne heure chaque matin, on les retrouvait contre un mur différent de celui de la veille. Sa femme, tante Elza, petite et potelée, était aussi drôle et affectueuse que Mária. Elle préparait des repas délicieux: de la soupe de poulet avec quantité de boulettes, du veau ou du poulet au paprika, des légumes surcuits à la hongroise, nageant dans la sauce, ainsi que de somptueuses pâtisseries. Son chocolat chaud était si épais qu'on pouvait le manger à la cuillère. Elle se procurait toutes ces denrées au marché noir, grâce aux relations d'oncle Deszo.

Tante Elza racontait des histoires et elle écoutait les nôtres – celles de mes cousins, Tomi et Peter, ainsi que les miennes. C'était elle, plus que leur mère, qui était chargée de nous et qui était notre confidente. J'appelais leur mère tante Hilda; c'était une femme séduisante aux cheveux teints en blond et qui portait des talons hauts. Tante Hilda attendait le retour de son mari, oncle Géza (Géza *bácsi*) qui n'était pas rentré des bataillons de travaux forcés, les *munkaszolgálat*, dans lesquels on avait enrôlé les Juifs hongrois. Il n'est jamais revenu.

Mes cousins étaient à peine plus âgés que moi, mais ils en savaient bien plus long sur la vie en général et sur la meilleure façon de s'amuser en particulier. Le jour où on nous a injecté notre premier vaccin contre la typhoïde, ils m'ont appris la bataille de polochons. Dès que la porte s'est refermée derrière les adultes, nous nous sommes déchaînés, courant de lit en lit, passant outre tous les avertissements concernant les éventuelles conséquences de cette pratique. Nous ne nous sommes arrêtés que lorsque, comme prévu, nos bras et nos épaules ont commencé à lancer et à faire mal et que la fièvre martelait nos têtes. Tomi et Peter étaient heureux d'avoir une fille qui s'amusait avec eux. Ils m'ont appris à jouer aux cartes ainsi que tout un répertoire de gros mots, et ils aimaient me faire écouter de la musique. Tomi, qui est devenu par la suite musicien professionnel, jouait déjà très bien de l'accordéon. Ils manifestaient également de l'intérêt pour l'anatomie, étudiant le corps féminin d'après le modèle vivant qu'ils avaient à domicile.

Personne ne prononçait les mots « camp de concentration » ou « camp de la mort ». Le père de mes cousins et mes oncles avaient été « emportés », d'autres avaient été « emmenés de force » puis simplement « perdus ». On a retrouvé un seul des trois fils de tante Elza, oncle Paul (Pali *bácsi*), qui était rentré d'Auschwitz presque entièrement à pied. J'ai surpris des rumeurs sur ce qui était arrivé aux Juifs là-bas, mais je ne pense pas avoir réellement pris conscience de ce qui s'était passé avant d'en avoir vu, bien des années plus tard, des photographies et des films. Oncle Paul n'a raconté à personne ce qu'il avait vécu, mais il semble qu'il ne s'en soit jamais vraiment remis. Il a été poursuivi par l'échec et la dépression jusqu'au moment où, exilé une fois de plus de la Hongrie communiste en 1948, il s'est suicidé dans un camp de réfugiés à Vienne.

D'autres membres de la famille sont lentement revenus :

quelques-uns retournant des endroits où ils s'étaient cachés à la campagne; certains autres, des contingents de travail forcé où ils avaient été envoyés; d'autres encore, de lieux aussi reculés que la Roumanie ou l'Union soviétique. Ils se sont montrés davantage disposés à reprendre leurs vies. Mon grand-père a emménagé au premier étage avec oncle Max (Misi *bácsi*) et tante Lula (Lula *néni*). Ma grand-mère, que nous appelions maman Katrin, était morte. Elle avait été grièvement blessée lorsqu'un éclat d'obus était entré par le trou béant qui avait remplacé la fenêtre dans la salle de bains de l'appartement – abri improvisé où ils s'étaient réfugiés. Des années plus tard, après avoir remarqué une tache brune sur un oreiller qui avait été épargné, j'ai refusé de m'en servir, imaginant que c'était celui sur lequel ma grand-mère avait reposé, perdant lentement son sang sur le sol carrelé jusqu'à ce que mort s'ensuive.

Tante Hélène (Ilonka *néni*) est retournée dans son appartement du second étage. Elle avait survécu en servant dans un hôpital de Budapest, munie de faux papiers fournis par une voisine de son village natal. Ses deux grands fils l'ont rejointe et se sont efforcés de continuer leurs études; ils jouaient au ping-pong, au football, et fréquentaient des jeunes filles.

La famille de mon père avait réussi dans les affaires. Ils étaient négociants en vins, bières et alcools. J'aimais bien l'air frais et l'odeur de moisi des tonneaux de vin, qui s'échappaient de la cave sous la maison. Pour transporter les fûts, on utilisait un chariot tiré par Bubi, un robuste cheval de labour, brun et calme. Il restait immobile des heures entières devant la maison, sauf pour mastiquer bruyamment la nourriture qui emplissait le sac accroché derrière ses oreilles et pour chasser les mouches avec sa queue. Il exhalait une odeur particulière faite de fourrage, de paille et de fumier.

De l'autre côté de la rue, il y avait un débit de boissons, et c'est là qu'ont commencé les ennuis qui m'ont valu d'être envoyée au premier étage. Comme je n'étais pas surveillée dans l'appartement du rez-de-chaussée de tante Elza, j'ai souvent flâné seule pour regarder Bubi et parler aux ouvriers qui roulaient et hissaient les lourds tonneaux sur le chariot. J'ai fini par prendre l'habitude de me rendre chaque jour au bistrot où les ouvriers faisaient un saut pour boire un verre de vin, un coup d'eau de vie hongroise forte et fruitée ou une chope de bière mousseuse. Le barman connaissait mon penchant pour l'écume blanche et généralement, il m'offrait un *piccolo*, un petit verre de bière plein de bulles.

Lorsque les nouvelles de mes habitudes de boisson sont parvenues aux oreilles de ma tante Ilonka, on a rapidement réuni un conseil de famille. Son appartement, souvent bondé de jeunes garçons, n'est pas apparu comme un substitut approprié à la morale laxiste de celui de ma tante Elza. On a alors décidé que j'emménagerais au premier étage, rejoignant ainsi mon grand-père, oncle Max et tante Lula, qui n'avaient pas d'enfants. Oncle Max était gentil mais bourru, et il passait le plus clair de son temps dans la cave et dans le bureau qui se trouvait derrière le bistrot, occupé à remettre sur pied l'entreprise familiale. Tante Lula, une femme bien en chair, qui affectionnait les robes de laine moulantes de couleur violette, était également une femme d'affaires, même si ses entreprises ne rapportaient pas toujours de l'argent. Elle était la plupart du temps absente de l'appartement, si bien que je me suis à nouveau retrouvée seule. La solitude m'a incitée à écrire des poèmes. Des années plus tard, j'en ai retrouvé un, adressé à un oiseau migrateur, dans un recueil de cuir relié. J'éprouvais de la sympathie pour lui du fait qu'il devait quitter sa patrie, mais en même temps je l'enviais parce qu'il n'était pas orphelin de mère contrairement à moi. Sans doute mes parents commençaient-ils à me manquer.

Puis, un beau jour de l'automne 1945, alors que les marrons du Fasor étaient prêts à être ramassés, mes parents sont subitement réapparus. Je ne me souviens pas d'avoir éprouvé de la joie, mais plutôt un sentiment d'étrangeté et d'embarras. Était-ce possible ? Mes parents semblaient moins grands que dans mon souvenir. Je regardais la petite femme, fine et nerveuse, que j'allais à nouveau appeler *anyu* (maman), tout en me souvenant de l'autre *anyu*, celle d'avant.

~

J'ai un souvenir concernant ma mère et moi avant la guerre : nous sommes assises côte à côte, et nous cousons, ou plutôt nous raccommodons des chaussettes. Le mot hongrois pour ravauder les chaussettes afin d'éviter de les mettre au rebut est *stoppolni*. Je dois avoir 5 ou 6 ans, c'est une après-midi d'hiver et il fait déjà sombre. Ma mère allume les appliques qui encadrent le miroir de sa coiffeuse pour nous éclairer un peu. Des coquilles de verre dépoli entourent les ampoules dont l'éclat se reflète dans le miroir ovale et en légers pointillés le long de la coiffeuse de verre sombre. J'aime bien être assise aux pieds de ma mère sur le tabouret de velours bleu et j'aime tout particulièrement l'odeur surannée de la poudre dont elle se voile les joues. Nous ravaudons des chaussettes et nos reflets dans le miroir nous imitent. Le sien entreprend une reprise délicate aux rangs serrés et aux points rapprochés, passant le fil par-dessus et par-dessous la laine de la chaussette avec une aiguille fine. Ma mère a placé un champignon en bois poli sous le trou afin de maintenir le tissu bien tendu, et avec chaque rang de points, elle remplace la partie usée par un tissage de fils croisés jusqu'à ce que la chaussette soit à nouveau en état. Je dispose pour ma part d'un champignon miniature et d'une chaussette mise au rebut que je dois piquer avec ma grosse aiguille dotée d'un gros chas. Je coupe un long fil à l'aide des ciseaux de ma mère qui ressemblent à un bec d'oiseau.

Maintenant, j'ai 8 ans. Le soleil brille ardemment. Ma mère et moi reprisons à nouveau des chaussettes. Nous sommes assises à la fenêtre de l'appartement de tante Elza. À la place du miroir de la coiffeuse restent les traces d'un trou béant laissé par un obus de canon qui avait pénétré dans la chambre. La femme qui avait vécu ici en notre absence peignait des tableaux de femmes nues, recevait des soldats soviétiques et élevait des poulets dans la pièce. Elle n'est plus là. La chambre a été réparée et ma mère m'apprend à repriser des chaussettes : par-dessus et par-dessous, mais j'oublie toujours de sauter un fil. Je suis censée être heureuse qu'elle soit revenue. Je ne l'ai pas reconnue lorsqu'elle m'a embrassée pour la première fois après leur retour. Je ne suis plus autorisée à aller à la messe le dimanche avec Mária.

~

Une fois que ma mère, mon père et moi-même avons été à nouveau réunis, nous nous sommes préoccupés de réparer les dégâts subis par notre appartement, ainsi que de rétablir nos liens rompus. Dans l'espoir de remplacer avantageusement mes sorties à l'église avec Mária, mon père m'a inscrite dans un mouvement de jeunesse sioniste. Ma mère a également pensé que j'aimerais rejoindre les éclaireuses avec ma cousine Zsuzsa. Afin d'en faire partie, j'ai dû apprendre à faire des nœuds compliqués, ce à quoi je ne suis jamais parvenue, pas plus que je n'ai compris pourquoi il fallait que j'y parvienne. Je ne me souciais guère de les rejoindre. Au cours de leurs rencontres du dimanche, les jeunes sionistes passaient la plus grande partie de leur temps à répéter des pièces de théâtre d'ombres derrière des draps suspendus, rejouant les batailles entre colons, Arabes et soldats britanniques; les plus jeunes d'entre nous devaient réciter debout des vers incompréhensibles tapés sur des feuilles de papier jaune. Je me débrouillais pour manquer aussi souvent que possible ces rencontres du dimanche.

C'est à l'âge adulte seulement que j'ai entendu le terme français de « déraciné » s'appliquant aux personnes arrachées à leur pays d'origine. Pour ma part, je conçois un déraciné moins comme un exilé que comme quelqu'un capable de transcender le besoin de patrie, comme tel est mon cas me semble-t-il.

# Dragons et départs

La mémoire joue d'étranges tours de cache-cache. Un jour, lors d'un bref séjour en Suède en 2002, j'ai vu le symbole « Pfaff » bien connu dans la vitrine d'un magasin qui vendait des machines à coudre. C'est un lézard aux pattes écartées dans un filet de fer, une toile d'araignée géante. Je n'y ai guère prêté attention jusqu'à ce qu'il réapparaisse dans un rêve cette nuit-là. La dernière fois que j'avais vu ce lézard, c'était sur la roue d'une machine à coudre à pédale à Budapest, après-guerre. Nous l'avions hérité de la mère de mon père mais, étant donné que ma mère n'utilisait jamais cet engin mécanique, nous l'avons abandonné avec la plupart de nos affaires lorsque nous avons quitté la Hongrie pour commencer une nouvelle vie au Canada quelques années plus tard.

À Montréal, ma mère a commencé à coudre, mais sur une petite machine électrique acquise après les échecs répétés de mon père, qui avait essayé de monter plusieurs entreprises sans succès. Elle a commencé par coudre ses propres vêtements, puis certains des miens, et elle a ensuite essayé de créer des ensembles de cols de satin ornés de perles avec les manchettes assorties, en vue de les vendre dans les boutiques élégantes de la ville. Je détestais le son de la machine à coudre ronronnant dans la nuit. Animée des meilleures intentions, suivant méticuleusement les instructions des patrons de papier pelure, ma mère confectionnait des robes et des jupes pour nous. Mais, pour une raison ou une autre, nous ne parvenions jamais à ressembler aux femmes et aux filles séduisantes qui figuraient sur les couvertures des patrons de *Vogue* ou de *McCall*.

Les boîtes soigneusement tapissées de papier de soie et remplies de marchandises s'empilaient de plus en plus haut sur la commode de ma mère dans la chambre encombrée et exiguë. Personne, semble-t-il, n'avait besoin de garnitures de satin sur ses pulls ou sur ses tailleurs.

J'ai fini par hériter de la machine à coudre électrique de ma mère, une solide Singer dans un étui de cuir noir, et je l'ai cachée au fond d'un placard. Il n'était pas nécessaire d'évoquer ces souvenirs de satin et de coton, la jupe de feutre gris avec des caniches ou la robe bain de soleil bleu pâle et son modeste boléro. Lorsqu'une amie a demandé à me l'emprunter et a oublié de me la rendre, j'ai été soulagée. Je préférais acheter mes vêtements et je n'avais aucun talent ou intérêt pour la couture. Je me suis débrouillée pour chasser toute pensée concernant les machines à coudre, jusqu'au jour où j'ai vu le symbole bien connu du lézard-dragon dans cette vitrine de Stockholm. Cette nuit-là, dans mon rêve, je n'ai pas arrêté de répéter le mot « Pfaff ». J'étais quelque peu perplexe. Soudain, une voix androgyne a vociféré le message selon lequel « Pfaff » était le nom d'une ville de Suède et que si je pouvais découvrir le souvenir qui se cachait là, ma mère serait pardonnée. Je me suis réveillée au beau milieu de la nuit et, tout en continuant à m'agiter dans un demi-sommeil, j'ai tenté de trouver la signification de « Pfaff ». Je me suis rendu compte qu'aucune ville ne répondait à ce nom et que personne de ma famille ne s'était rendu en Suède avant moi. Pourquoi ma mère avait-elle besoin d'être pardonnée ? C'est seulement au matin que le souvenir de « Pfaff » m'est revenu.

Avant la guerre, la machine à coudre de ma grand-mère était restée silencieuse et inutilisée, recouverte d'un grand napperon de dentelle dans l'appartement de mes grands-parents. Après la guerre, elle a été transférée chez nous, trouvant sa place dans une pièce inoccupée qui, plusieurs fois par an, devenait le domaine de la femme que j'appelais tante Klári (Klári *néni*). C'était une femme juive, d'apparence terne, très pauvre et abîmée par la guerre, une couturière dont les grosses lunettes protégeaient des yeux globuleux et les faisaient ressortir davantage encore. Elle venait travailler dans notre maison quelques jours chaque saison, ourlant les draps, ravaudant le linge et confectionnant des robes et des jupes qui m'étaient souvent destinées. Je me souviens en particulier d'une jupe écossaise à larges bretelles. Ses rayures horizontales et verticales dans les tons orangés et jaunes ne rappelaient aucun tartan écossais en particulier, et son style ne correspondait à aucune mode de quelque époque ou de quelque lieu que ce soit. Au fur et à mesure que j'ai grandi, cette tenue a grandi avec moi. Tante Klári prenait toujours soin de laisser beaucoup de tissu dans les coutures. Lorsque je l'ai portée pour la première fois, les bretelles reposaient bien à plat sur mon torse mais, avant qu'elle ne finisse par disparaître au fond de mon placard et de ma vie, mes jeunes seins avaient commencé à faire pression contre elles de façon un peu provocante.

J'étais alors en 6ᵉ année, à une époque où je ne fréquentais pratiquement jamais l'école, car nous étions sur le point de quitter la Hongrie. Tout se faisait dans le plus grand mystère : l'obtention de visas et de passeports, les manigances avec les autorités. Les rares fois où j'allais à l'école, je me sentais déjà presque étrangère parmi mes camarades de classe. Un des jours où je me suis rendue à l'école, je portais cette tenue en question. Mon amie Ági, une camarade que la nature n'avait pas encore dotée d'attributs féminins, est passée à côté de moi en salle de classe, m'a toisée de haut en bas comme si j'étais une étrangère et, désignant le tissu tendu, elle a fait un geste obscène pour indiquer mes rondeurs.

J'ai alors eu l'impression d'avoir déserté, dans tous les sens du terme – j'étais désormais passée du côté des adultes, je me trouvais en dehors du « groupe ». J'enviais Ági, sa poitrine plate, ses taches de rousseur et ses cheveux roux frisés, son minuscule appartement froid dans un immeuble croulant. Mon appartement bien chauffé avec ses tapis et ses meubles modernes, ainsi que ma grand-mère qui habitait le cinquième arrondissement si chic de Budapest, tout ceci m'avait mise à part. Il avait fallu en plus que je subisse la trahison des bretelles écossaises.

Tante Klári actionnait le volant de la machine à coudre de ses mains potelées. Elle le faisait tourner de plus en plus vite et « Pfaff », le lézard aux pattes écartées figurant sur le volant, tournait également à toute vitesse. Les pieds de tante Klári pressaient la pédale avec beaucoup d'énergie en dépit du fait que ses chevilles étaient enflées et ses chaussures à lacets trop serrées. L'aiguille piquait le tissu, les yeux de la couturière derrière ses lunettes convexes ne s'égaraient jamais, mais suivaient l'avancée du coton, de la laine, de la soie ou de ce nouveau matériau que nous appelions du nom générique de « nylon ». Telle était l'étoffe qui bloquait sans cesse l'aiguille, mettant le vêtement fluide en boule. Tante Klári arrêtait alors le lézard et ouvrait le compartiment secret placé sous la plaque glissière. On y trouvait là les canettes de fil qui se dévidaient au même rythme que les bobines placées sur des fiches enfoncées dans l'énorme corps de la machine. Après avoir effectué quelques brèves manipulations à l'intérieur et à l'extérieur du compartiment, elle démêlait les nœuds en défroissant le tissu de sorte que le lézard puisse reprendre son tourbillon vertigineux – locomotive noire sans vapeur et sans rails.

« Pfaff ». Qu'est-ce que cet inoffensif reptile de métal a à voir avec ma mère et le pardon ? Dans mon esprit, « Pfaff » était devenu « Fafner »... le nom d'un dragon dans les mythes allemands, le « dragon » qui avait tenté de tous nous anéantir – tante Klári, ma mère et moi. Il avait tué ma grand-mère, maman Katrin, ne laissant subsister que sa machine à coudre avec le lézard sur la roue. Son souffle ardent avait dévoré ma minuscule grand-mère alors qu'elle était tapie dans la salle de bains à la fenêtre soufflée pour échapper aux bombes et aux obus de mortier. Des jeunes gens au sang de dragon à la poursuite de Juifs cachés. Pfft ! L'éclat d'obus qui avait transpercé le mur et la veine qui battait sur la tempe translucide de ma grand-mère. Tant de fleuves de sang !

Pfft ! Parties, les choses qui nous appartenaient. Pfft ! Terminée, notre vie confortable ! Ruiné, notre appartement où un obus avait percé un trou de la taille d'un œuf de dragon dans la chambre de ma mère, laissant la pluie et la neige tremper le sombre velours bleu à pois blancs de son canapé et s'écailler le placage de bois de cerisier de sa coiffeuse sous le miroir brisé.

Pfft ! Finies, les vacances dans les montagnes de Mátra et au bord du lac Balaton. Disparus, les dîners avec toutes mes tantes, tous mes oncles et cousins autour de la table de la salle à manger, dans l'élégant appartement de l'immeuble de stuc gris, situé derrière le Parlement et près de la promenade le long du fleuve. Pfft ! La chaude main de ma mère tenant la mienne en route vers le parc sous les arbres en fleurs. Est-ce là le pardon que ma mère a trouvé en Suède ? Lui ai-je pardonné de m'avoir emmenée au couvent et de m'avoir abandonnée afin de me sauver la vie ?

~

J'ai passé mon dernier été en Hongrie, celui de 1948, au bord du lac Balaton dans un camp de vacances pour enfants dirigé par mon professeur de musique, oncle Gyuri (Gyuri *bácsi*). Il avait organisé ce camp pour ses élèves de piano et d'autres enfants pouvaient s'y joindre, moyennant finances. Dans la Hongrie d'après la Seconde Guerre mondiale, peu de parents avaient les moyens d'assumer les tarifs pourtant modestes que prenait oncle Gyuri et ceux qui le pouvaient préféraient cacher et amasser leurs biens en vue d'un départ imminent de la Hongrie communiste. Les membres de la famille de mon père, qui avaient toujours été dans les affaires, étaient considérés comme des « ennemis de classe ». Notre style de vie bourgeois – le vaste appartement, la cave où la famille de mon père conservait les grands tonneaux de vin pour la vente en gros et le bistrot qui servait de la bière et du vin aux ouvriers du voisinage – n'ont été tolérés qu'un temps.

À partir de 1948, la fragilité des liens qui nous rattachaient à la ville de Budapest et à notre pays, la Hongrie, est devenue évidente. On parlait passeports et visas; on appliquait de façon exagérée le qualificatif de *disszidált* – « dissident » – aux membres de notre famille qui ne se montraient plus au dîner du dimanche soir chez ma grand-mère. Cette année a été la dernière au cours de laquelle ont été délivrés des passeports « de tourisme » valables pour trois mois seulement. Grâce aux relations de ses deux frères aînés, mon père avait réussi à quitter la Hongrie occupée par les Soviétiques ce printemps-là. Ma mère et moi devions le rejoindre à l'automne.

Je me souviens de ce jour de printemps 1948, après le départ de mon père, où deux hommes en imperméables ceinturés, ressemblant à des agents secrets de films, se sont présentés à la porte de notre appartement à Budapest. C'étaient des officiers de l'*Államvédelmi Osztálya* (ÁVO), l'équivalent hongrois de la police secrète soviétique. Mon père, un « ennemi de classe » capitaliste, avait éveillé des soupçons en prenant le train de Budapest à Vienne. Il attendait déjà que nous le rejoignions avant que la frontière entre la Hongrie et l'Autriche ne soit complètement fermée.

Les hommes en imperméables ceinturés sont entrés dans notre appartement, ils ont jeté un regard soupçonneux autour d'eux, puis ont ordonné à ma mère de les suivre.

« Où m'emmenez-vous ? » a-t-elle demandé, sachant que la réponse serait rue Andrássy 66, leur infâme quartier général, un immeuble blanchi à la chaux dans une des plus élégantes rues de Budapest. Aux fenêtres de la prison, les jardinières de géraniums d'un rouge éclatant ne trompaient personne. « Laissez-moi un instant pour donner mes instructions à la bonne d'enfants à propos d'une sortie de ma fille demain. Elle doit préparer un pique-nique. »

Sans doute contents de tomber sur une victime si peu émotive, ils ont volontiers attendu que ma mère donne à notre bonne Erzsi ses instructions concernant les sandwiches, les pommes et les jus, tout en nous rassurant sur son prompt retour.

« Pour le compte de qui votre mari espionnait-il ? » lui a-t-on demandé au quartier général. « Il n'a pas été difficile de nier en toute bonne foi l'accusation », nous a raconté par la suite ma mère en riant. Qui aurait bien pu vouloir engager comme espion mon père, ce rat de bibliothèque, complètement distrait, qui ne savait même pas se débrouiller dans ses propres affaires ? Des heures entières d'interrogatoire n'ont donné aucun résultat. Au bout de quelques jours, on l'a libérée de prison, saine et sauve. Ma mère tentait de maintenir une atmosphère de normalité dans nos vies et c'est la raison pour laquelle on m'a envoyée dans le camp de vacances d'oncle Gyuri, sur la rive sud du lac Balaton. Ce séjour était censé être un bref interlude de stabilité avant que mon monde ne s'effondre à nouveau. Oncle Gyuri et tante Klári, sa femme, louaient chaque été une villa pour la douzaine d'enfants disparates et mal assortis, dont les âges s'échelonnaient de 5 à 12 ans. Les plus âgés d'entre nous – mon amie Éva, qui avait 12 ans, Ági qui devait avoir 16 ans, et moi-même, aidions avec les petits. J'avais 11 ans et je venais juste de terminer ma 5e année. J'étais bonne élève, meilleure en histoire et en rédaction qu'en mathématiques, avec une prédilection particulière pour la poésie. J'étais une pré-adolescente romantique.

Cet été-là, je suis tombée amoureuse d'un garçon qui s'appelait Georges. Il était petit et basané et possédait un kayak en plastique bleu que ses parents avaient apporté au camp de vacances dans leur voiture décapotable couleur crème, contrevenant totalement à la politique anticapitaliste de l'époque. Même si nous avions tous deux 11 ans, je le dépassais d'une tête, mais cela ne m'a pas découragée de me laisser aller à des rêveries romantiques à son sujet. Il était drôle, il avait les cheveux bruns, ondulés, et de grands yeux profonds et noirs. Un matin, nous avons pris rendez-vous pour notre premier baiser.

« On se voit après le déjeuner ! Étends ta couverture sous l'acacia », m'a chuchoté Georges en m'adressant un clin d'œil éloquent après le petit-déjeuner, et avant de disparaître dans une expédition de chasse à la grenouille dans les joncs bordant le lac. Après le déjeuner, hormis la sieste, il y avait peu d'activités organisées : c'était le moment idéal pour se tenir la main, s'échanger des billets ou tout simplement rêver de contact en écoutant le murmure des arbres au-dessus de nos têtes. Les feuilles d'acacia se présentent en petits groupes, pairs ou impairs, rattachés à une mince tige commune. Nous nous en servions comme des pétales de marguerite pour prédire l'avenir. En les arrachant une à une, nous marmottions : *Il m'aime, il ne m'aime pas, nous irons à l'autel, ensemble jusqu'à la tombe* – c'était là une vue bien conventionnelle de l'amour.

Alors que j'étalais ma couverture de flanelle grise sur la pelouse bosselée au pied de l'arbre, mes hormones bourdonnaient plus fort que les ennuyeux nuages de moustiques auprès du lac. En guise de camouflage, j'avais apporté un livre, *The Prisoners of God* (Les Prisonniers de Dieu), l'histoire d'une princesse hongroise qui menaçait de se couper le nez si son père, le roi, insistait pour la marier à un prince étranger et ne la laissait pas entrer en religion, car elle voulait être la fiancée du Christ. Ce n'était pas mon cas ! J'avais abandonné mes rêves dévots. Cette après-midi, c'était sûr, j'allais embrasser Georges.

Les couvertures de tous les membres du camp étaient éparpillées sans ordre particulier. Les petits avaient des couvertures moelleuses aux couleurs douces sur lesquelles ils parvenaient à faire la sieste, alors que nous, les aînés, n'y arrivions pas. Je regardais autour de moi, dans une agréable expectative. La couverture d'Éva, en tissu écossais rouge et vert aux franges douces, était près des buissons au bord du champ. Et à côté d'elle – je ne pouvais en croire mes yeux – se trouvait Georges sur son couvre-lit importé d'Amérique, jaune avec son motif de cowboys attrapant au lasso une proie invisible ! Tous deux gloussaient joyeusement comme s'il s'agissait d'une blague formidable : ils se riaient de moi ! J'étais sous l'acacia, toute seule.

Cette après-midi-là, j'ai emprunté le kayak que les parents de Georges avaient apporté au camp et j'ai pagayé vers le milieu du lac, en cadence, les larmes ruisselant sur mon visage. J'ai sorti ma langue pour lécher mes larmes salées, preuve de mon profond chagrin, en imaginant les visages peinés des membres du camp lorsque la nouvelle de ma noyade leur parviendrait. On ne manquerait pas de faire le rapprochement entre ma disparition et le kayak renversé. C'est alors que les rires d'Éva et de Georges ont semblé se répercuter contre les falaises de Tihany au-dessus du lac, célèbre pour ses effets d'écho. Je me suis rendu compte qu'ils seraient tout simplement contents.

J'ai plongé profondément la longue pagaie dans l'eau en tournant la proue vers le camp et, ramant en cadence, je suis rentrée dans un silence maussade. Personne ne s'était aperçu de mon absence. J'ai sauté le dîner et je me suis traînée sous les couvertures, faisant semblant de dormir lorsque Éva est rentrée ce soir-là. Le lendemain, j'ai épanché mon chagrin auprès d'Ági, qui était désormais ma meilleure amie, jusqu'à ce qu'un appel téléphonique urgent de ma mère me rappelle à Budapest. Même si elle ne m'avait rien dit au téléphone, je savais de quoi il retournait : nous allions partir pour l'Ouest.

Ainsi s'est achevé mon dernier été hongrois.

# La fuite

Nous entendions le cliquetis cadencé des roues du train qui passait, cahotant, le long des champs moissonnés des nombreuses fermes coopératives. Il filait le long des quais de gares de villages où des paysans aux visages blêmes fixaient avec envie les lettres inscrites sur le flanc des wagons : « Budapest-Vienne » – la ligne à destination de la liberté. Nous étions heureuses, ou presque. Il restait à traverser la frontière.

J'étais assise dans le wagon, l'air bien sage dans ma courte jupe plissée bleu marine. Les rayons du soleil automnal tombaient sur le livre que j'avais sur les genoux. J'avais emporté *The Prisoners of God* (Les Prisonniers de Dieu), l'épais volume que j'avais relu plusieurs fois depuis cet été. Brusquement, j'ai éprouvé une sensation familière de peur au creux de l'estomac. Et si ce titre allait me trahir auprès du garde-frontière ? Après tout, ne nous avait-on pas raconté que les seules prisons en fonction à l'époque, en Hongrie, étaient destinées aux « ennemis de classe » ? Ne nous avait-on pas répété que Dieu n'existait plus ? La Sainte Trinité avait été remplacée par le triumvirat de Marx, Lénine et Staline ainsi que par leur disciple, le dictateur communiste hongrois, Mátyás Rákosi.

La barrière rouge, blanc et vert s'est levée pour laisser passer le train, puis elle est redescendue. Tandis qu'il tenait le passeport de carton vert impeccable que ma mère nous avait procuré, et qui lui avait coûté en échange notre appartement et beaucoup d'objets de valeur, l'agent en uniforme a soigneusement regardé mon visage et non pas le livre que j'avais sur les genoux. On a raconté bien des histoires relatives à notre départ, celui de mon père tout d'abord, puis le nôtre – des histoires que je n'ai entendues que bien plus tard. Je me suis enfin sentie en sécurité au moment où le train a entonné une nouvelle chanson, un refrain allemand sur des rails autrichiens.

Lorsque j'ai ouvert mon livre, un morceau de papier en est tombé, le dernier morceau d'une carte postale d'Éva. Avant que je n'aie déchiré la carte en morceaux, le message, rédigé dans son écriture régulière et déliée, disait : « Chère Jutka, désolée que tu aies dû quitter le camp si tôt. Georges et moi nous amusons tellement. Tu nous manques à tous les deux. Baisers, Éva. »

Sous la signature, en post-scriptum, était griffonnée une épithète décidément peu aimable dans laquelle je reconnus Georges à partir des nombreux billets secrets qu'il m'avait fait passer sous l'acacia avant le mystérieux « rendez-vous du baiser » avorté, il n'y avait pas si longtemps.

~

Les seules images de Vienne qui se présentaient à mon esprit se fondaient sur d'anciennes gravures et illustrations : des châteaux ressemblant à des gâteaux de mariage aux teintes pastel, des femmes en crinolines, vêtues de soieries, les cheveux poudrés, éventails à la main. La réalité s'est présentée autrement : c'était une ville sans couleurs, meurtrie par la guerre. Dans la chambre exiguë et dépourvue de chauffage que nous avions louée, les jours où le temps était couvert paraissaient sans fin. Notre logeuse trouvait que le chauffage était onéreux et qu'il y avait en outre déjà trop de réfugiés dans la ville : pourquoi devraient-ils se sentir chez eux ? Nous superposions nos chandails pour rester au chaud, dans l'attente de nos visas pour le Canada.

Les passeports hongrois que ma mère nous avait procurés à Budapest en échange de notre appartement expiraient en décembre 1948. Vienne était une ville divisée et administrée par les quatre Alliés: les États-Unis, la Grande-Bretagne, la France et l'URSS. Les Soviétiques contrôlaient la partie de l'Autriche entourant Vienne. Afin d'éviter qu'ils ne nous déportent, ma mère et moi avons pris le train pour quitter la ville la veille de la Saint-Nicolas, le 6 décembre. Prenant la direction de Salzbourg, une ville plus agréable, nous nous sommes installées dans nos couchettes de wagon-lit tandis que le train brinquebalait. Ma mère a posé mes chaussures sur la table sous la fenêtre et elle y a placé les traditionnelles branches dorées d'où pendaient les confiseries que saint Nicolas apporte cette nuit-là aux enfants qui ont été sages. Il s'agissait d'une ruse pour adoucir les cœurs des soldats soviétiques qui allaient contrôler nos papiers et dont on connaissait le faible pour les enfants.

J'étais déjà assez grande pour mes 11 ans, aussi me suis-je blottie sous les couvertures, remontant mes jambes pour paraître minuscule. Mon cœur a battu fiévreusement lorsque le soldat soviétique est entré dans notre compartiment et a demandé à voir nos passeports. Allions-nous être autorisées à quitter le secteur soviétique et à nous faufiler vers la liberté – vers l'Autriche sous contrôle américain ? J'ai fermé les yeux lorsque le garde en uniforme a inspecté nos passeports. Il a dû faire un geste pour désigner les branches dorées à la fenêtre, qui révélaient la présence d'un enfant, car j'ai entendu une voix masculine amicale, à l'accent clairement russe, demander en allemand à ma mère: « *Kind?* » (Un enfant ?). Ma mère a répondu par l'affirmative. La porte du compartiment s'est refermée. Le lendemain matin, je me suis réveillée libre, à Salzbourg.

~

Salzbourg avait été épargnée par la guerre. Bien que le ciel soit toujours gris et que le temps ne soit pas meilleur qu'à Vienne, nos conditions d'existence s'étaient nettement améliorées. Nous avons emménagé dans une grande chambre dans un bel hôtel, le *Roter Krebs* (le Crabe rouge), moyennant la somme exorbitante d'un dollar par jour. Moyennant un autre dollar, nous déjeunions à l'hôtel Gabler où un serveur en uniforme versait dans nos bols de la soupe de poulet rôti avec des boulettes dans une soupière d'argent. Cette existence de luxe s'est prolongée aussi longtemps que ma mère et moi sommes restées seules : nous allions voir des opérettes au théâtre du quartier et nous assistions à des spectacles de marionnettes les fins de semaine. Le reste du temps, je fréquentais l'école secondaire (en allemand, le *Gymnasium*) où, en dépit de mes maigres dons pour les langues, je me débrouillais pour apprendre la poésie allemande et même la physique, en copiant le cahier de ma nouvelle meilleure amie, Monika.

Ces jours heureux ont pris fin lorsque mon père nous a rejointes. Nous avions attendu avec impatience son arrivée de Vienne, mais j'ai été déçue lorsqu'il nous a imposé d'arrêter de dilapider notre capital étranger limité et d'abandonner notre restaurant favori. Il s'est procuré un réchaud électrique sur lequel ma mère réchauffait le contenu de boîtes de conserve que mon père se procurait auprès du *Post Exchange* (PX) de la base militaire locale. Le PX était une sorte de magasin général que les forces américaines avaient mis sur pied afin que les soldats puissent acheter des marchandises. La nuit venue, mon père et moi partions en mission pour nous « débarrasser » des boîtes vides. Nous les déposions dans les poubelles de lieux exotiques, comme celles de la place de la cathédrale où il nous arrivait d'entendre les cloches sonner l'*Air de l'oiseleur*, tiré de la *Flûte enchantée* de Mozart. Bien qu'on ne nous ait pas formellement interdit de cuisiner dans notre chambre, nous craignions néanmoins d'être chassés au cas où la direction s'en apercevrait. L'odeur des pommes de terre en boîte et du corned-beef cuisiné à la sauce paprika n'était pas facile à camoufler : à mon grand embarras, elle me semblait évidente lorsque je remontais les escaliers recouverts de tapis, en rentrant de l'école. C'est pourquoi mon père et moi faisions « disparaître » les preuves à la nuit tombée.

Fin mars 1949, nos visas sont enfin arrivés. Nous étions désormais officiellement des immigrants « apatrides » et nous avions le droit d'organiser notre passage vers le Canada à partir du port allemand de Brême. En tant que DP (personnes déplacées), il nous fallait prendre congé de notre mode de vie familier. Même nos dîners, composés de pommes de terre en conserve, de mortadelle et de pêches en boîtes, étaient quelque peu meilleurs que la nourriture des baraquements du camp de DP, dans les environs de Brême, où nous étions logés. Avant le départ du bateau, on a eu droit à une visite médicale complète et à la vérification de nos papiers, on nous a vaccinés contre toutes les maladies possibles que nous serions susceptibles d'apporter au Canada et on nous a finalement autorisés à embarquer sur le *Scythia*, le paquebot de grande ligne qui nous conduirait vers notre nouveau pays.

C'est au cours de notre incarcération provisoire dans le camp de DP que nous avons fait la connaissance de monsieur et madame N., un couple de Roumains issus tout comme nous de la moyenne bourgeoisie, contrairement à beaucoup d'autres immigrants potentiels. Madame N. était minuscule et brune, plus petite que moi. Elle portait souvent une blouse de soie couleur ivoire sous une veste de lainage d'un vert vif, confectionnée dans une matière plus douce au toucher que la plupart des tissus dont étaient faits nos nouveaux vêtements après-guerre. Elle se plaisait à me serrer dans ses bras, m'embrassant sur les deux joues à chacune de nos rencontres, et laissait derrière elle le sillage d'un délicieux parfum. Elle était originaire de Bucarest où, d'après ma mère, les femmes étaient presque aussi élégantes qu'à Paris. Je pense que ma mère avait prononcé ces mots sur un ton de dérision, car madame N. était un peu trop maquillée et vacillait sur des talons hauts. Ma mère, en revanche, ne mettait que du rouge à lèvres, un peu de poudre claire sur les joues, et elle portait des chaussures confortables. J'ai immédiatement adoré madame N., savourant le français dans lequel elle s'adressait à mes parents, un français qui pétillait et gargouillait au fond de sa gorge tandis qu'elle avançait constamment ses lèvres comme si elle était en train de sucer des pastilles de citron ou sur le point d'envoyer un baiser.

Monsieur N. parlait allemand avec nous, avec un accent très différent de la prononciation autrichienne désinvolte de mon père ou de l'allemand scolaire de ma mère. Au bout de quatre mois dans des écoles autrichiennes, l'allemand que j'avais parlé avec mes bonnes d'enfant jusqu'à mes 3 ans était revenu, et je pouvais désormais tenir de longues conversations tout à fait sensées sur de nombreux sujets.

Monsieur N. était un homme à la forte carrure qui portait des costumes de lainage sombre assortis de cravates. Ses cheveux roussâtres qui s'éclaircissaient et tiraient sur le gris, faisaient mentir ses joues lisses et la jeunesse de son sourire. L'éclat amusé de ses yeux lorsqu'ils me fixaient semblait reconnaître en moi une personne et pas seulement une « enfant ».

Mes parents lui étaient reconnaissants de m'emmener en promenade avec lui et de me distraire pendant des heures durant les longs après-midi qu'eux-mêmes passaient autour d'un café et de conversations ayant trait aux visas, aux cartes de rationnement et aux autres réfugiés. Monsieur N. faisait mon éducation amoureuse. Il me décrivait avec précision les différentes manières d'embrasser et me racontait avec force détails le rôle de l'homme et celui de la femme lorsqu'ils faisaient l'amour.

« Combien de temps est-ce que cela dure ? lui ai-je demandé.

– Ça dépend, quelques minutes ou bien des heures entières.

– Ça dépend de quoi ? »

Je voulais savoir. Je commençais à me demander si, à supposer que nous trouvions le temps et l'endroit approprié, nous en arriverions aux travaux pratiques. Avais-je oublié l'existence de madame N. ? J'en étais à ce point-là de mon apprentissage lorsque nous nous sommes préparés à partir. Ô Canada, magnifique et libre ! Nos familles ont voyagé ensemble jusqu'au port de Brême et nous avons enfin embarqué sur le *Scythia* en direction de Halifax. Monsieur N. et mon père couchaient dans des dortoirs, dans la cale du bateau où des centaines de réfugiés de sexe masculin vomissaient, ronflaient et rêvaient d'un nouveau monde, tandis que ma mère, madame N. et moi-même, jouissions du luxe d'une cabine plus proche du pont. Cette fois-ci, j'étais contente d'être considérée comme une enfant. D'ordinaire, les cabines étaient conçues pour douze personnes, mais le fait d'être une enfant nous donnait droit à une cabine avec quatre couchettes pour seulement huit passagers. Madame N. a dû invoquer sa mauvaise santé et ajouter quelques dollars américains bienvenus pour bénéficier d'une couchette supérieure dans un luxe tout relatif.

Monsieur N. et moi-même n'avons pas poursuivi nos promenades intimes. Je n'avais pas la tête à des rendez-vous galants avec un amoureux. J'ai passé la plupart du voyage penchée par-dessus le bastingage, le vent entraînant au loin les quelques morceaux de nourriture que ma mère, à force de m'amadouer, avait réussi à me faire avaler. Un beau jour, alors que j'essayais de me maintenir en équilibre sur le siège des toilettes, un perchoir précaire qui n'arrêtait pas de bouger avec les vagues, des gouttes de sang sont venues troubler les eaux turbulentes dans la cuvette au-dessous de moi. « La joie et la gloire de devenir une femme » promises par monsieur N. étaient arrivées, et pourtant je ne ressentais que de la douleur à l'abdomen et de la nausée.

« Maman ! J'ai besoin de coton ! » C'est ainsi que je lui ai maladroitement fait part de l'embarrassante nouvelle. Nous étions en avril, le mois de mon anniversaire. J'ai eu 12 ans au moment où les côtes du Canada ont été en vue.

~

Par une chaude journée d'été après notre arrivée à Montréal, monsieur et madame N. sont venus prendre le café et des gâteaux dans notre nouvel appartement avoisinant le chemin de la Côte-des-Neiges. Madame N. était plus calme qu'elle ne l'était en Europe et monsieur N. semblait avoir vieilli durant les mois précédents. Son costume de lainage était serré et les boutons de son veston faisaient pression à la taille. Ce n'était pas une tenue vraiment adaptée à la saison. Il me semble avoir senti sa transpiration. Ses cheveux paraissaient également s'être éclaircis.

Je l'évitais en m'affairant avec les tasses, les soucoupes et les assiettes de gâteaux, mais en dépit de tous mes efforts pour me maintenir à distance de lui, nous nous sommes croisés au moment où j'ai franchi la porte du salon en revenant de la cuisine. J'ai essayé de me faire toute petite. Pas assez petite toutefois. Monsieur N. a étendu le bras – je n'avais pas remarqué auparavant combien ses doigts étaient boudinés – et j'ai retenu ma respiration. Il a touché mes seins tendus sous la blouse de soie blanche et transparente en dépit d'un caraco de dentelle. « Tu as vraiment grandi, n'est-ce pas ? » Il n'était pas besoin de répondre. Je me suis tortillée et j'ai réussi à m'esquiver. Je n'ai pas quitté mon perchoir au bord d'une chaise à haut dossier, à distance respectable de monsieur N., jusqu'à ce que tous les invités soient partis.

Plus tard, j'ai mis mes parents au courant du geste déplacé de monsieur N., en omettant prudemment les conversations consensuelles que nous avions eues à Brême l'hiver précédent et qui me semblaient fort lointaines. Mes parents n'ont jamais plus réinvité monsieur et madame N.

# Un nouveau monde

Peu de temps après notre arrivée, mon père m'a inscrite à l'école Iona. Le principal s'appelait monsieur Gulliver, comme l'indiquait la plaque sur la porte. Monsieur Gulliver était assis derrière un bureau de chêne massif, sous un portrait du roi George VI en uniforme. Mon père lui a tendu mon livret scolaire hongrois qui avait été traduit en anglais, tamponné et signé, pour prouver qu'il s'agissait bien là d'un relevé authentique des notes que j'avais obtenues en 5e année, ma dernière année scolaire à Budapest. Une courte lettre en allemand y était agrafée : elle ne comportait pas de notes, mais seulement des sceaux officiels et des signatures attestant que j'avais suivi les cours dans un internat à Vienne pendant un mois, puis ceux d'un *Gymnasium* à Salzbourg pendant trois mois.

Monsieur Gulliver s'est levé et a tendu le bras vers une canne qui était appuyée contre son bureau. C'était un homme trapu, aux larges épaules, avec un pied bot. Il a attrapé la canne et s'est rapproché de moi en clopinant, regardant à tour de rôle les papiers et moi-même. Il m'a donné l'impression d'être sévère mais pas méchant.

« Vous êtes grande », a-t-il observé. Je mesurais un peu plus d'un mètre soixante-cinq, je dépassais déjà mon père et j'étais presque de la même taille que le principal. « C'est un bon livret », a ajouté monsieur Gulliver. Je n'avais suivi que quelques cours d'anglais à Salzbourg, pas assez pour comprendre ses commentaires, mais mon père me faisait la traduction. Il se flattait, en effet, de parler au moins dix langues dont quatre couramment (mais avec un accent).

*S'il vous plaît, s'il vous plaît*, suppliais-je silencieusement, *ne me faites pas redescendre d'une classe.* Mes souvenirs des mois humiliants que j'avais passés avec des fillettes de 10 ans dans le dortoir de l'internat de Vienne étaient encore très présents.

« Je vais vous conduire dans votre classe de 6e. » Un, deux, trois, quatre, cinq, six. Dieu merci ! J'ai emboîté le pas inégal de monsieur Gulliver en sortant du bureau, nous avons enfilé de longs corridors dans lesquels étaient alignés des casiers de métal d'un vert militaire et nous avons gravi les escaliers conduisant à la porte de la classe. La professeure qui nous a ouvert après que nous ayons frappé, était grise : ses cheveux étaient gris, elle portait une robe grise, et dans son visage ridé, le regard était morne. Il n'a changé qu'au moment où elle a fait un large sourire au principal qui se tenait sur le pas de sa porte. Quatre rangées d'élèves se sont alors mis au garde-à-vous en saluant en chœur : « Bonjour, monsieur Gulliver. » Ils se sont levés et 24 strapontins de bois se sont rabattus contre leur dossier. Sur ordre de la professeure, il y a eu à nouveau un fracas de métal et de bois lorsque les sièges ont été redescendus en place. Vingt-quatre paires d'yeux m'ont scrutée tandis que je leur faisais face, semblable à un insecte exotique empalé sur le tableau noir.

Monsieur Gulliver m'a présentée à ma nouvelle professeure, mademoiselle Brown, qui m'a gratifiée de l'ombre du sourire avec lequel elle avait accueilli le principal. Elle s'est tournée vers la classe en me présentant par mon nouveau nom canadien, Judy. En hongrois, on prononce le J comme un Y – un son doux et liquide. « Judy » était en revanche dur, inconnu. Ce n'était ni le « Judit » biblique, ni le diminutif « Jutka ». Les autres mots qu'elle a prononcés ne m'ont rien dit, je n'ai rien compris.

J'ai songé aux pupitres brun et vert de mon ancienne salle de classe à Budapest, où chaque banc était occupé par deux filles. Ma meilleure amie, Véronika, était toujours assise à côté de moi. Là-bas, les sièges ne se relevaient pas brusquement avec fracas, et la carte familière de la Hongrie, en forme de jambon, dominait le mur au-dessus du tableau. Il n'y avait pas de carte ici, mais une autre photographie du roi qui regardait au loin en souriant au drapeau à la fenêtre. C'était un drapeau rouge avec l'Union Jack britannique dans un des coins. Le drapeau hongrois, rouge, blanc et vert, comportait en son milieu une étoile soviétique rouge à cinq branches. Des affiches de paysages sauvages décoraient les murs : un arbre isolé se balançant dans le vent au-dessus de vagues démontées, un autre dans une forêt qui semblait être en feu avec ses feuilles orange et écarlates. Ces scènes m'étaient aussi étrangères que les paroles qui sortaient de la bouche de la professeure. En Hongrie, je pouvais situer les fleuves du pays sur la carte murale de ma classe, le Danube et la Tisza, ainsi que tous les pays avec leurs capitales. Je pouvais réciter les poèmes des célèbres poètes hongrois, Petöfi, Arany et Endre Ady. Mais à quoi bon ? Personne ici ne comprendrait, ni ne s'en soucierait.

« Judy ! » C'était bien mon nom qu'on appelait. La voix discordante de mademoiselle Brown m'a rappelée à l'attention. Elle m'a fait signe de m'installer à un pupitre vide au second rang. J'ai obéi. Mes chaussures marron à lacets semblaient peser très lourd, m'obligeant à traîner des pieds. Je me suis assise et j'ai esquissé un sourire à l'intention du garçon assis à l'autre rang, dont les yeux curieux suivaient chacun de mes mouvements. Il s'est détourné et, sans plus me regarder, il a pris son porte-plume qu'il a trempé dans l'encrier de son pupitre; essuyant l'excédent de liquide du bec de sa plume, il s'est mis à écrire. Le papier qu'il avait devant lui se remplissait de petites colonnes de la même écriture en pattes de mouche que j'avais vue sur le tableau lorsque la professeure dictait les mots, un à un, à l'armée de plumes qui couraient sur des feuilles de papier ligné.

Enfin, j'ai reconnu un mot. Cela ressemblait à *kálcium*. Dans mon ancienne école, nous venions de commencer à étudier la chimie. J'attendais les cours avec impatience jusqu'à ce jour d'octobre où ma mère m'avait annoncé : « Vite, fais tes bagages ! Nous avons enfin reçu nos passeports. Maintenant, nous pouvons quitter le pays. » Elle semblait radieuse. Je ne l'étais pas autant.

« Quand reviendrons-nous ? lui avais-je demandé.

– Peut-être dans quelques années, si... »

*Si quoi ? Si quoi ?*, avais-je pensé, mais je m'étais bien gardée d'importuner ma mère, déjà agitée, avec mes questions.

Désormais, j'étais au Canada, un océan me séparait de tout ce que je connaissais et de tous ceux qui me connaissaient. La professeure continuait à parler, je n'avais même pas une feuille de papier devant moi comme tous les autres élèves.

Enfoncé dans le pupitre, il y avait un encrier avec un couvercle de métal pivotant. J'ai vérifié : il n'y avait pas d'encre dedans. J'ai reconnu un autre mot : *oksigén*, ce dont on a besoin pour respirer. J'ai retenu mon souffle et j'ai soulevé le couvercle de métal de l'encrier... lentement, avec un seul doigt. Il n'y avait aucun risque, c'était juste un récipient vide. J'ai laissé le couvercle retomber très prudemment. Cela n'a fait aucun bruit. Bien !

J'ai entendu un nouveau mot, quelque chose comme *Hidrogén*, $H_2O$ – j'avais appris que c'était de l'eau. J'avais soif, mais je me suis avisée que je ne savais pas comment demander à sortir pour aller boire.

J'ai recommencé ma manœuvre avec le couvercle de l'encrier à plusieurs reprises. Je devenais vraiment très habile à soulever et à rabattre le petit couvercle de métal, jusqu'à ce qu'une soudaine pression involontaire de mon doigt envoie l'encrier tout entier voler dans l'allée. Il est tombé par terre et est allé atterrir aux pieds de mademoiselle Brown.

Elle ne me souriait plus du tout. Le silence qui régnait dans la classe ressemblait au calme inquiétant qui précède le premier coup de tonnerre. Un ordre brusque s'est fait entendre : « Allezleramasser ! », accompagné d'un geste très clair de la main.

Je me suis levée tout doucement. Le siège s'est rabattu avec fracas. Pas à pas, je me suis approchée de l'encrier maudit que mademoiselle Brown pointait du pied. Ce parcours a été le plus long de toute ma vie. Mes richelieux marron, qui semblaient si élégants quand nous les avions achetées à Vienne, me trahissaient à chaque pas, émettant des sons creux comme les cannes blanches des malvoyants.

~

Ma voisine Rita et moi sommes devenues amies l'été de nos 13 ans. Elle était plus grande que moi et très blonde, avec des yeux bleus nordiques fendus en amande à la slave, et elle portait un soutien-gorge de nylon sous des blouses et des chandails moulants. Je ne m'étais pas encore procuré cette armature américaine. Elle constituait à la fois une protection et une attraction pour les garçons qui se plaisaient à faire claquer la bande élastique dans le dos en affichant de malicieux sourires de connaisseurs.

Rita s'y connaissait bien en matière de garçons. Elle connaissait même des garçons canadiens-français, différents de ceux qui parlaient anglais que j'avais rencontrés en 7e année (secondaire 1) à l'école Iona. Rita m'a dit que le garçon qu'elle m'avait trouvé n'était pas vraiment français. Cela n'a pas diminué ma nervosité lorsqu'est venu le moment de me rendre au match de base-ball en vue d'un double rendez-vous. Je ne connaissais rien au base-ball et pas grand-chose non plus en matière de rendez-vous avec les garçons. Ma seule expérience en la matière avait été celle que j'avais eue avec Georges en Hongrie. Je me suis aperçue que j'avais beaucoup de choses à apprendre au Canada.

Je portais ma nouvelle robe bain de soleil bleu pâle avec de larges bretelles et un court boléro, une petite veste à laquelle on pouvait aussi agrafer un col Claudine. J'en avais choisi le modèle dans une revue de mode *McCall* chez Marshall, rue Sainte-Catherine, où nous nous procurions les tissus et les patrons que ma mère cousait sur sa nouvelle machine électrique Singer. Je m'étais tenue devant la glace en pied accrochée à la porte de sa chambre pendant que ma mère épinglait l'ourlet pour l'égaliser. J'avais l'impression de ressembler à l'une des princesses que j'avais dessinées en classe. Nous avons toutes deux admiré mon reflet dans le miroir tandis qu'elle m'ordonnait de tourner lentement sur moi-même.

Rita a sonné à la porte et, lorsque je l'ai vue, j'ai été moins sûre de mon effet. Elle portait un pantalon et un pull-over blanc moulant. « Sexy » était l'une des expressions que j'avais apprises. Le regard déçu qui s'est affiché sur le visage du garçon qu'elle avait prévu pour moi était évident et n'a fait qu'accroître mes doutes concernant ma tenue. Serge et Rita se sont assis tout près l'un de l'autre sur la dure banquette de bois du tramway brinquebalant. Il lui a entouré les épaules de son bras. De notre côté, le garçon et moi-même nous tenions éloignés l'un de l'autre et le trajet s'est déroulé sans que nous échangions un mot. Au cours du match de base-ball, les jeux intimes de Serge et Rita les absorbaient davantage que celui qui avait lieu sur le terrain poussiéreux en contrebas. J'ai posé des questions au garçon à propos des prises, des points et de ce que signifiait une fausse balle, questions auxquelles il marmonnait quelques réponses avec indifférence. Les choses ne se passaient pas très bien et elles n'ont fait qu'empirer lorsque Serge a adressé à son ami bilingue une plaisanterie narquoise en français en désignant ma poitrine bien développée mais sans soutien-gorge. À la suite de ces remarques, je me suis éloignée pour m'asseoir à une plus grande distance encore de ce garçon, et j'ai attendu que les interminables manches prennent fin.

Après cette tentative ratée d'acculturation, Rita et moi ne nous sommes plus que rarement rencontrées. Rita avait de l'eczéma au cou et au creux du coude, et la crème qu'elle utilisait laissait une couche blanche et poudreuse sur sa peau. D'après mes camarades de classe, c'était une fille « facile » et « légère ». À la fin de cette année scolaire, la première que j'ai pu suivre en entier, j'ai reçu un prix d'excellence ainsi qu'une bourse d'études, et j'ai été admise à l'école secondaire (secondaire 2), dans la section avec option latin. Rita, elle, n'a pas été admise dans la classe supérieure. Puis, nous avons emménagé dans une maison, un duplex, et j'ai fréquenté une nouvelle école. Nous ne nous sommes jamais revues.

~

Ed a été mon premier petit ami. Je l'ai rencontré en 8^e^ année (secondaire 2). Il était plus âgé que les autres garçons que fréquentaient mes amies parce qu'il redoublait. Peut-être était-ce lié à sa vue – l'un de ses yeux semblait partir dans la direction opposée à l'autre. Solide et musclé, il avait davantage l'apparence d'un homme que celle d'un garçon. Au cinéma, ses mains se tenaient tranquilles et il ne prenait la mienne, dans une étreinte moite et respectueuse, que dans l'obscurité ou bien lorsque nous marchions dans la rue.

Nous allions à des fêtes que donnaient mes amies chez elles, dans leurs sous-sols qui sentaient vaguement le renfermé. Les murs étaient recouverts de lambris et les pièces comprenaient le plus souvent un bar au comptoir en formica. Nous dansions étroitement enlacés au son de *My Foolish Heart* et de *Blue Moon*, mes chansons de prédilection. Le fait que je ne connaisse pas les pas du fox-trot, que je ne puisse pas tenir le rythme de la samba, et que je m'accrochais à lui alors qu'il tentait de me faire tournoyer lorsque nous dansions le jitterburg lui importaient peu : il ne m'en aimait pas moins.

Durant l'été, lorsque je suis partie dans un camp de vacances privé, appelé Escobar, il a pour sa part rejoint le camp Kanawana du YMCA. Il m'a écrit de longues lettres décrivant de manière détaillée ses voyages en canoë dans la nature sauvage des Laurentides. Il aimait aussi en illustrer les trajets à l'aide de cartes. Sous son nom, il inscrivait trois *X*, pour représenter trois baisers. Je partageais ses lettres avec mes compagnes de chambre et je le traitais de pauvre type, pour me sentir importante. Désormais, j'étais amoureuse de

Roger, un moniteur qui était le meilleur joueur de base-ball du camp. Je n'étais pour ma part qu'une apprentie monitrice, mais j'avais droit à un jour de liberté. J'ai passé le premier en compagnie de Roger. Nous avons navigué en canoë sur le lac et nous avons atteint une crique isolée où nous avons nagé et pris un bain de soleil sur la plage, à l'abri des regards. Il m'a embrassée, mais pas aussi souvent ni avec autant d'ardeur que je l'aurais souhaité. Nous avons attendu jusqu'au coucher du soleil et nous avons fait cuire des hot-dogs et rôtir des guimauves sur la braise du feu de camp que Roger avait allumé de façon experte, puis nous sommes revenus au camp en canoë.

Pendant ce temps, ma peau avait viré au rouge vif : j'avais pris un coup de soleil si douloureux qu'enfiler une chemise relevait de la torture. La pommade Noxzema, censée soulager ma douleur et éviter que je ne pèle, n'a eu pour seul effet que de répandre une désagréable odeur de camphre autour de moi, qui me suivait à la trace où que j'aille. Des lambeaux de peau ont continué à pendre, de manière disgracieuse, pendant des semaines encore. À son jour de liberté suivant, Roger est allé au cinéma à Sainte-Agathe avec Risha. Elle était grassouillette mais d'un naturel enjoué, et jouait bien au base-ball. J'ai beaucoup pleuré toute seule, en étouffant mes sanglots sous l'oreiller pendant la nuit. Ce soir-là, une fête était organisée, mais j'ai refusé d'y aller. Je pouvais entendre la musique provenant du centre de loisirs. On jouait *My Foolish Heart* (Cœur incrédule), ma chanson préférée. J'imaginais Roger et Risha dansant l'un contre l'autre au moment où Billy Eckstine fredonnait : *Cette fois-ci, ce n'est pas de la fascination*. J'ai ressorti la dernière lettre d'Ed et je l'ai relue. Les paroles de la chanson s'accordaient parfaitement à mon humeur : *Ni un rêve qui s'éteint et se brise...* Je me suis emparée d'un bloc de papier à lettres et de mon stylo au moment où la musique s'est achevée sur le vers suivant : *C'est de l'amour cette fois, c'est de l'amour, cœur incrédule !* J'ai placé le guide aux lignes bleues sous la première page et j'ai commencé à écrire.

Cher Ed,

La semaine dernière nous avons fait du canoë sur le lac jusqu'à une plage de sable. (Je n'ai pas fait allusion à Roger.) J'ai pensé à toi tandis que la pagaie fendait silencieusement les vagues...

J'ai choisi la formule « Avec tout mon amour » pour clore la lettre et inscrit plusieurs *X* sous mon nom.

# Le complet du défunt

Depuis notre arrivée au Canada, mon père, qui parlait dix langues et en lisait couramment au moins quatre, n'avait jamais réussi à trouver un travail adapté à ses intérêts intellectuels. Contrairement à ses deux frères aînés en Hongrie, il n'avait pas réussi dans les affaires et chacune des entreprises commerciales qu'il avait essayé de monter à Montréal avait échoué. Parmi toute la série d'emplois que mon père avait occupés mais qui ne lui convenaient pas, le dernier en date avait été dans une succursale de quincaillerie locale. En tant que vendeur dans la section électricité, il expliquait, avec une passion d'érudit, le fonctionnement de chaque appareil, en anglais ou en français, sans se soucier de savoir si l'acheteur était intéressé ou impatient de payer et de quitter le magasin. Rien ne dissuadait mon petit père, revêtu de sa blouse grise, d'explorer à fond n'importe quel problème, si insignifiant soit-il.

Le premier de ses efforts avortés avait été l'achat d'un petit immeuble dont les locataires négligeaient régulièrement de payer leurs loyers. Un autre projet avait été l'acquisition d'une flotte de taxis. Mon père parlait aux chauffeurs avec qui il pouvait facilement plaisanter en *joual*, le dialecte québécois, qu'il avait récemment appris. Cela n'a pas dissuadé ces mêmes chauffeurs de truquer les compteurs si bien que finalement, mon père a dû vendre les voitures avec une perte considérable. Enfin, il a essayé dans les années 1950 de mettre sur pied une épicerie fine, alors que les rayons des supermarchés suffisaient à satisfaire les envies de spécialités culinaires des Montréalais.

Lorsqu'il marchait dans la rue, mon père était généralement muni d'une serviette européenne dont l'une des boucles était négligemment défaite. Ainsi les passants qui le croisaient pouvaient-ils avoir un excellent aperçu de l'étrange collection qui s'y trouvait : une grammaire chinoise, le journal plié de manière précise afin de pouvoir le lire dans les transports publics et un livre emprunté à la bibliothèque, soigneusement recouvert de papier kraft. Mon père avait un profond respect pour les livres. Il trimbalait également un carnet sur lequel il écrivait ses observations, et parfois un paquet de petits gâteaux poisseux achetés dans une boulangerie du quartier. Il fonçait, à petites foulées énergiques et pleines d'allant, remontant de temps en temps son épaule gauche. À l'adolescence, je n'appréciais guère les efforts qu'il faisait pour m'éduquer : j'étais plongée dans les magazines de cinéma et dans les romans policiers de Mickey Spillane.

Le prêt-à-porter n'était pas fait pour mon père. En Hongrie, un tailleur prenait ses mesures exactes. À Montréal, il possédait encore quelques anciens complets européens pour les grandes occasions, un loden vert acheté à Vienne lors de son long voyage de Budapest vers le Nouveau Monde, et toute une collection de vestons d'occasion pour tous les jours. À la demande instante de ma mère, mon père a finalement accepté de se rendre chez un tailleur qui lui avait été recommandé par un ami. Lorsqu'ils sont arrivés dans l'atelier du tailleur, celui-ci semblait bouleversé : l'un de ses meilleurs clients venait de décéder. C'était une mauvaise nouvelle pour lui, d'autant que le nouveau complet que cet homme lui avait récemment commandé n'avait pas été réglé. « Monsieur, dit alors joyeusement le tailleur, il se peut que ce costume vous aille ! Essayez-le donc ! »

Et de fait, il lui allait. Le complet croisé à larges revers allait à mon père comme s'il avait été fait sur mesure pour lui. À partir de ce moment-là, chaque fois qu'ils avaient besoin d'être sur leur trente et un, ma mère lui rappelait toujours de mettre *a halot öttönyéti*, le complet du défunt : c'était devenu une plaisanterie familiale.

L'année où mon père est mort à Montréal, en 1969, j'avais obtenu mon diplôme d'une université américaine du Michigan. Je m'étais mariée en 1957, et mon mari Tevia et moi-même avions décidé en 1968 de reprendre nos études en vue d'un troisième cycle. Aussi avons-nous emmené nos deux jeunes fils, Ira et Eugène, dans le Midwest. Quelques jours avant de quitter Montréal, j'ai reçu un appel angoissant de ma mère.

« Je dois t'annoncer une mauvaise nouvelle », a-t-elle commencé, comme si j'étais encore une enfant qu'il fallait protéger des problèmes familiaux. « Ton père a un cancer. » Elle l'a dit en hongrois : *Rák*. On utilisait le même mot pour désigner la maladie et le crabe. Cela faisait surgir des images de mauvais augure : des crustacés pourvus de tentacules, prisonniers d'un aquarium où ils marchent sans aucune chance d'en sortir. À cette époque-là, dans les années 1960, le diagnostic était habituellement sans appel.

« Il en a pour combien de temps ? lui ai-je demandé.

– Peut-être six mois, peut-être moins. »

On n'a pas informé mon père du pronostic car, à cette époque-là, on estimait qu'il valait mieux éviter au malade de connaître la vérité sur son état. On lui a prescrit un traitement, il est sorti de l'hôpital et a semblé reprendre sa vie normale, à ceci près qu'à son grand soulagement, il n'est jamais retourné au travail.

Lorsque, sur la recommandation de son médecin il a quitté la Quincaillerie Pascal, il a enfin pu consacrer tout son temps aux livres, à la musique et aux conversations qu'il aimait. Celles-ci viraient d'ailleurs la plupart du temps en monologues, compte tenu de tout ce qu'il savait et de tout ce qu'il avait à dire. Étrangement, il n'avait jamais tout à fait maîtrisé les aptitudes à l'écoute nécessaires à la conversation informelle.

Nous avons quitté Montréal alors que mon père était en rémission et que, son moral étant au beau fixe, il étudiait la carte du Michigan pour pouvoir en visiter les grands sites. La table de la salle à manger était jonchée de cartes et de livres de voyage empruntés à la bibliothèque. Assis dans son fauteuil, il paraissait même imposant à cette époque-là. Toutefois, lorsque nous sommes rentrés du Michigan pour les congés de l'Action de grâce, mon père avait à nouveau été hospitalisé. Un goutte-à-goutte suspendu au-dessus de son lit injectait un soluté, substitut de la nourriture qu'il aimait tant que c'en était parfois embarrassant. Il était étendu, passif, dans le lit surélevé : seul son esprit résistait encore, mais plus son corps.

Il ne pouvait pas parler compte tenu des tuyaux qui y faisaient obstruction, mais son esprit était néanmoins extrêmement vif et il écrivait avec acharnement sur le carnet à spirale posé sur la table de nuit à côté de son lit. Il notait, en lettres capitales curieusement tordues, des faits historiques qui lui revenaient en mémoire, quelques plaisanteries familières, et ne se plaignait que d'une seule chose : « J'AI FROID AUX PIEDS. » Un grand gaillard d'infirmier s'est penché alors sur ses jambes maigres, d'un jaune cireux, qui dépassaient des couvertures : « Vous devez avoir froid aux pieds. Je vais les frictionner », lui a-t-il proposé.

L'hôpital était surchauffé mais les tentacules paralysants du cancer s'étaient d'ores et déjà répandus dans tout le corps de mon père. Les mouvements apaisants des mains expertes ont semblé l'aider à sombrer dans le sommeil. J'ai regardé plus attentivement ses autres notes sur le carnet et j'ai reconnu un fragment de poème de Heinrich Heine, le poète allemand du XIX^e^ siècle, un Juif converti au catholicisme, dont mon père admirait l'esprit iconoclaste. Je me suis souvenue des matins de week-ends où mon père, enveloppé dans le peignoir à rayures marron que ma mère lui avait confectionné, récitait de la poésie allemande tirée de l'un de ses volumes à tranche dorée alignés sur son étagère. J'avais si souvent entendu ces vers que je n'avais pas besoin de traduction :

*Keine Messe wird man singen,*
*Keinen Kadosch wird man sagen,*
*Nichts gesagt, und nichts gesungen*
*Wird an meinen Sterbetagen.*

*On ne dira pas la messe,*
*On ne récitera pas les prières,*
*On ne chantera rien*
*Et on ne dira rien le jour de ma mort.*

Je suis partie après m'être assurée que le carnet était à portée de sa main, à côté de ses lunettes que ma mère avait prudemment écartées. Seule sa chemise d'hôpital qui se soulevait et s'abaissait doucement permettait de s'assurer qu'il était encore en vie. Il semblait si petit dans cet immense lit, presque comme un très jeune garçon.

Les hivers dans le Michigan étaient froids, mais un souffle encore plus glacial m'a saisie au téléphone le matin où ma mère m'a appelée de Montréal.

« J'ai de très mauvaises nouvelles.

– Il en a pour combien de temps ? ai-je demandé, exactement comme je l'avais fait six mois auparavant.

– Les médecins ne sauraient le dire. Il est désormais à peine conscient.

– Je dois faire un exposé demain matin. Si je pars à midi est-ce que ça ira ? J'avais besoin de prolonger la sérénité de ma routine universitaire trompeuse.

– Fais comme tu veux ! »

La communication a été coupée.

L'atterrissage à l'aéroport de Dorval m'a paru interminable. J'ai espéré un instant croiser un visage familier mais, déçue, je me suis dirigée vers le téléphone. J'ai composé le numéro de l'hôpital, j'ai demandé la chambre de mon père en m'imaginant la chemise d'hôpital qui se soulevait et s'abaissait doucement, le carnet et le stylo toujours présents, l'infirmier frictionnant les pauvres pieds glacés et ma mère assise auprès du téléphone…

« Allo ? C'est moi… Je suis à Montréal. » Il y a eu un silence à l'autre bout du fil suivi d'une brève inspiration et j'ai entendu la voix de ma mère : « Tu n'as plus besoin de te dépêcher maintenant. »

L'enterrement de mon père sous un ciel gris et froid de février a été très simple : quelques mots, quelques prières murmurées au moment où on a lentement descendu le cercueil dans le sol gelé. J'ai contemplé la bière de simple bois de pin, imaginant mon père à l'intérieur portant le « complet du défunt », rasé de près, élégant et silencieux comme il ne l'avait jamais été de toute sa vie.

# Les secrets de ma mère

J'ai commencé à apprécier ma mère vingt ans après sa mort lors d'un voyage organisé en Lituanie, un pays où elle ne s'était jamais rendue. Ses derniers jours se sont écoulés en 1984 dans un petit hôpital miteux de Montréal, dans une chambre dont l'unique fenêtre recevait la lumière ombragée des arbres feuillus qui poussaient en cette fin d'été. Je lui rendais visite pendant de longues heures tranquilles, lui proposant de la soupe et de petites gorgées d'eau. Assise dans le fauteuil du visiteur face à son lit, je tentais en vain d'éprouver un authentique chagrin dans mon cœur.

Elle semblait si minuscule dans son lit d'hôpital. Le cancer avait ravagé son corps : dans cette ossature squelettique, seule sa force mentale, qui perçait dans ses yeux que la morphine faisait briller, demeurait inchangée. Son visage était devenu pâle et cireux; il n'était plus mat comme lorsqu'elle avait l'habitude d'appliquer quotidiennement une couche de poudre rosée avec une houppette duveteuse et rose, cette poudre dont j'aimais à inhaler en secret l'odeur surannée lorsque j'étais encore une enfant. La seule autre concession qu'elle accordait au maquillage était un peu de rouge à lèvres d'une couleur classique rouge orangé. Sans cet artifice, ses lèvres étaient pâles et desséchées par la fièvre. Sa chevelure, châtain foncé, qu'elle n'avait jamais eu besoin de teindre, était identique à ce qu'elle avait toujours été, abondante et brillante, avec à peine quelques cheveux blancs à l'âge de 74 ans. La coiffer elle-même lui avait à la fois épargné de l'argent, du temps, et la nécessité d'avoir à se soumettre au contact d'un étranger, car ma mère avait toujours reculé devant le contact physique, y compris le mien. La joue qu'elle me tendait pour que j'y dépose un baiser de pure forme lorsque je la saluais ou lorsque je partais, avait toujours semblé impassible et froide.

Elle avait toujours été petite. À l'adolescence, je mesurais déjà presque huit centimètres de plus qu'elle et je pesais beaucoup plus, surtout à l'époque où la nourriture était ma seule consolation face à la peine et à la solitude. Ma suprématie ne s'exerçait que sur le plan physique, car le petit corps maigre et nerveux de ma mère était en réalité un géant, une forteresse indomptable. Notre inégalité croissante de taille est allée de pair avec l'accroissement de différences moins tangibles. Nous nous sommes mutuellement de plus en plus déçues.

Je sais qu'elle m'a aimée lorsque j'étais petite. « Avant même que tu ne sois née, je savais que tu serais une fille, une Judit », avait-elle l'habitude de me dire. Elle a consigné mes premiers mots dans un album qui a survécu à la guerre en Hongrie et qui nous a accompagnés au Canada. Elle a également conservé les poèmes qu'elle m'a écrits pendant l'année où nous avons été séparées, et où elle était à Bergen-Belsen tandis que j'étais d'abord au couvent, puis dans l'appartement de Mária. Elle m'a souvent parlé des nuits froides de Bergen-Belsen où elle abandonnait sa couverture en faveur d'une fillette qui s'appelait Judit comme moi, la lui offrant dans l'espoir que d'autres m'offriraient une chaude couverture lorsque j'en aurais besoin, moi qui étais alors si loin d'elle. Il semble que son sacrifice ait été récompensé, puisque, grâce aux religieuses et à notre amie Mária, j'ai survécu. Je me suis souvent demandé si pour ma part j'aurais été capable de faire ce qu'elle avait fait.

Hormis les épisodes de générosité et de courage, comme lorsqu'elle a offert sa couverture en cette nuit glaciale, ma mère n'a pas parlé de ce qu'elle avait enduré au cours de la déportation. Elle a évoqué les occasions où elle avait réussi à duper l'officier SS chargé de l'appel quotidien en aidant à cacher mon cousin Imi, un garçon de 13 ans, afin qu'on ne le sépare pas de sa mère et de sa sœur pour l'emmener dans les baraquements des hommes. Elle a raconté l'histoire de ce garçon coiffé d'un foulard, parmi les femmes, qui avait le sens de l'autodérision. Elle était l'étoile brillante dont j'aurais pu être heureuse de savourer la gloire qui rejaillissait d'elle, mais ça n'a pas été le cas.

Puis, après sa mort, alors que je débarrassais sa chambre, j'ai trouvé au fond d'un tiroir, soigneusement envelopé dans un papier fin, un cadre de soie en forme de cœur que j'avais maladroitement cousu et qui renfermait ma photographie. Le billet qui l'accompagnait était destiné à *anyucim* (ma petite maman) et s'achevait sur *Sok-sok puszi* (tout plein de baisers). Daté de mai 1948, il s'agissait du cadeau que je lui avais offert pour la fête des Mères lorsque j'étais en 5^e^ année. Nous avons quitté la Hongrie cet automne-là.

Quand mes sentiments ont-ils changé ?

Alors que les projets commerciaux de mon père s'effondraient les uns après les autres, les fonds que nous avions réussi à emporter de Hongrie avec nous ont été engloutis. De même qu'elle avait essayé de me protéger des conséquences de mon identité juive lorsque j'avais 7 ans, ma mère a essayé de me maintenir à l'écart de notre situation financière en chute libre et de me dissimuler le fait que nous étions devenus des étrangers pauvres. Ma mère n'était pas très fière – ou peut-être était-elle trop fière – pour faire allusion aux combats qu'elle menait contre les factures et la fonte de nos économies.

Mon père était humilié par ces changements. À l'époque de leur mariage, mes parents avaient la même taille. Au fur et à mesure qu'il sombrait dans la dépression, mon père semblait rétrécir et vieillir. Tandis qu'il cherchait refuge dans les livres, je m'adonnais pour ma part au plaisir soporifique des croustilles et des petits gâteaux de guimauve enrobés de chocolat afin d'alléger mon ressentiment et ma honte. Seule ma mère ne se laissait pas décourager. Je détestais les cols de satin à paillettes qu'elle cousait et s'efforçait de vendre, de même que l'uniforme de coton bleu qu'elle portait lors du dernier investissement de mon père, une épicerie fine sur l'avenue Monkland, au coin de notre rue, et où les parents de mes camarades de classe venaient parfois acheter, à mon grand embarras, un quart de lait ou une miche de pain.

Lorsque cette entreprise a également fait faillite, ma mère a pris un emploi de documentaliste chez Steinberg, une chaîne d'épicerie canadienne. En dépit de son anglais inhabituel – ma mère n'était pas douée pour les langues, contrairement à mon père et à moi-même – elle a réussi à obtenir un diplôme en suivant des cours du soir et, de documentaliste, elle a été promue bibliothécaire de l'entreprise. Il n'y avait plus de couvertures assez grandes pour envelopper l'enfant frigorifiée qui était devenue une adolescente trop encombrante, plus de temps pour lui écrire des poèmes. Elle m'aimait toujours, disait-elle, et elle ajoutait avec un sourire et en français : « Ce n'est pas le Pérou, mais c'est à moi. » Il était évident d'après chacun de ses regards et de ses gestes impatients que je la décevais. Ma relation avec elle s'était durcie et s'était muée en un mur impénétrable de résistance passive.

Pendant des années, j'ai ignoré les cours de littérature que m'infligeait mon père, ainsi que les récits des héros de l'histoire européenne dont il me gratifiait. Je me moquais de la collection de cartes postales d'œuvres d'art célèbres dont il avait recouvert des cartons de chemises afin de les exposer. Lorsque je suis entrée à l'université, j'ai commencé à m'intéresser également aux livres, à l'histoire et à l'art, et nous avons enfin eu des sujets de conversation communs.

Au fur et à mesure que les années ont passé, j'ai mûri. J'avais noué de nombreuses amitiés, ce qui est tout un art, et en tant que professeure, épouse et mère, j'étais bien décidée à ne pas m'étendre sur le passé qui m'avait séparée des habitants d'un monde sans guerre. Je n'ai pas visité les musées de l'Holocauste, ni à Washington ni à New York, j'ai évité de lire les biographies déchirantes des victimes de l'Holocauste et de la Seconde Guerre mondiale. J'ai choisi d'ignorer la terrible réalité que les anecdotes de ma mère avaient dissimulée, dans mon intérêt et peut-être également dans le sien.

Puis, il y a quelques années, mon mari et moi avons rejoint des amis pour un voyage organisé dans les pays baltes, une partie de l'Europe où je ne m'étais jamais rendue auparavant. C'est à Vilnius, la capitale de la Lituanie, que j'ai commencé à pénétrer dans le passé de ma mère.

Lors de notre première après-midi, nous nous sommes arrêtés dans une vieille prison, devenue par la suite le Musée des victimes du génocide. C'était le siège de la police secrète communiste au cours des deux occupations des Soviétiques. En ce lieu, quiconque était soupçonné d'activités hostiles au régime était torturé, condamné et, si l'on prouvait sa culpabilité, exécuté sur-le-champ dans une pièce souterraine. L'épais rembourrage de la porte était destiné à assourdir les coups et les cris. Au cours de cette sinistre visite, je me suis souvenue de ce jour de printemps 1948 où deux hommes en imperméables ceinturés s'étaient présentés à la porte de notre appartement de Budapest pour emmener ma mère et lui faire subir un interrogatoire.

Le Musée de l'Holocauste a été notre prochaine étape à l'ordre du jour. Dans le hall d'entrée, nous avons vu un portrait de famille, représentant trois générations de Juifs lituaniens, une vingtaine de personnes souriantes qui avaient posé pour le photographe invisible. On avait tracé des cercles autour de deux visages, ceux des deux seules personnes qui avaient survécu à la guerre, comme l'indiquait la légende. Je suis entrée dans la dernière pièce avec une vive inquiétude, comme la Judith du château de Barbe-Bleue face à la porte qu'elle ne doit pas ouvrir, tout en sachant qu'elle va le faire. Nous y étions : la photographie des femmes nues, en marche vers les fosses de la forêt proche de Vilnius, poussées en avant par des hommes armés en uniforme. Une rangée de soldats, les fusils mis en joue, se trouvaient face à la fosse. À l'arrière-plan, d'autres soldats fumaient de façon décontractée ou bavardaient, détendus, leurs fusils nonchalamment posés à côté d'eux. Les femmes ne ressemblaient pas à ces épouvantails squelettiques que montrent les photographies des derniers détenus des camps de concentration. Elles avaient des poitrines bien pleines – des poitrines de mères et de grands-mères. Leurs cuisses étaient encore charnues, elles étaient quasiment vivantes.

J'ai pensé aux femmes nues faisant la queue pour la douche à Bergen-Belsen, par rang de deux ou trois, en imaginant ma mère, mince silhouette nue, ma mère qui avait l'habitude de ne se déshabiller que derrière une serviette de plage, invisible, dans le vestiaire de la piscine publique. « Alors qu'on se dirigeait vers les douches du camp, se rappelait ma mère, on ne savait jamais si les pommes de douche enverraient de l'eau ou du gaz empoisonné. » Ce qu'elle voulait souligner avec cette histoire, ce n'était pas tant la dégradation ou la peur que le fait qu'elle-même, sa sœur, sa nièce et même le neveu qu'elle avait aidé à se camoufler en lui attachant un foulard sur la tête, avaient tous survécu. Quelle victoire !

Lors de mon voyage suivant à Montréal, je me suis rendue, contrairement à mes habitudes, au cimetière juif du Mont-Royal. J'ai ramassé deux petits cailloux usés et bien lisses, et j'en ai placé un sur la tombe de mon père et l'autre sur celle de ma mère. Les deux tombes étaient du même granit gris, mais je ne m'étais jamais aperçue auparavant que seule celle de mon père possédait une pierre tombale sur laquelle étaient gravés son nom ainsi que ses dates de naissance et de mort : leurs souvenirs étaient aussi inégaux après la mort qu'ils l'avaient été dans mon affection.

J'ai cherché des mots pour rendre hommage à ma mère, la manière dont je l'avais connue, non pas en Hongrie ni au Canada, mais en Lituanie, alors qu'elle n'y était jamais allée. Ceux que j'ai finalement choisis pour être ciselés sur la pierre provenaient d'une courte histoire que je me souvenais avoir lue à l'école, où un prisonnier qui attend la mort cite ce vers du *Jules César* de Shakespeare : *Le brave ne goûte jamais la mort qu'une seule fois.*

# *Une question de chance*

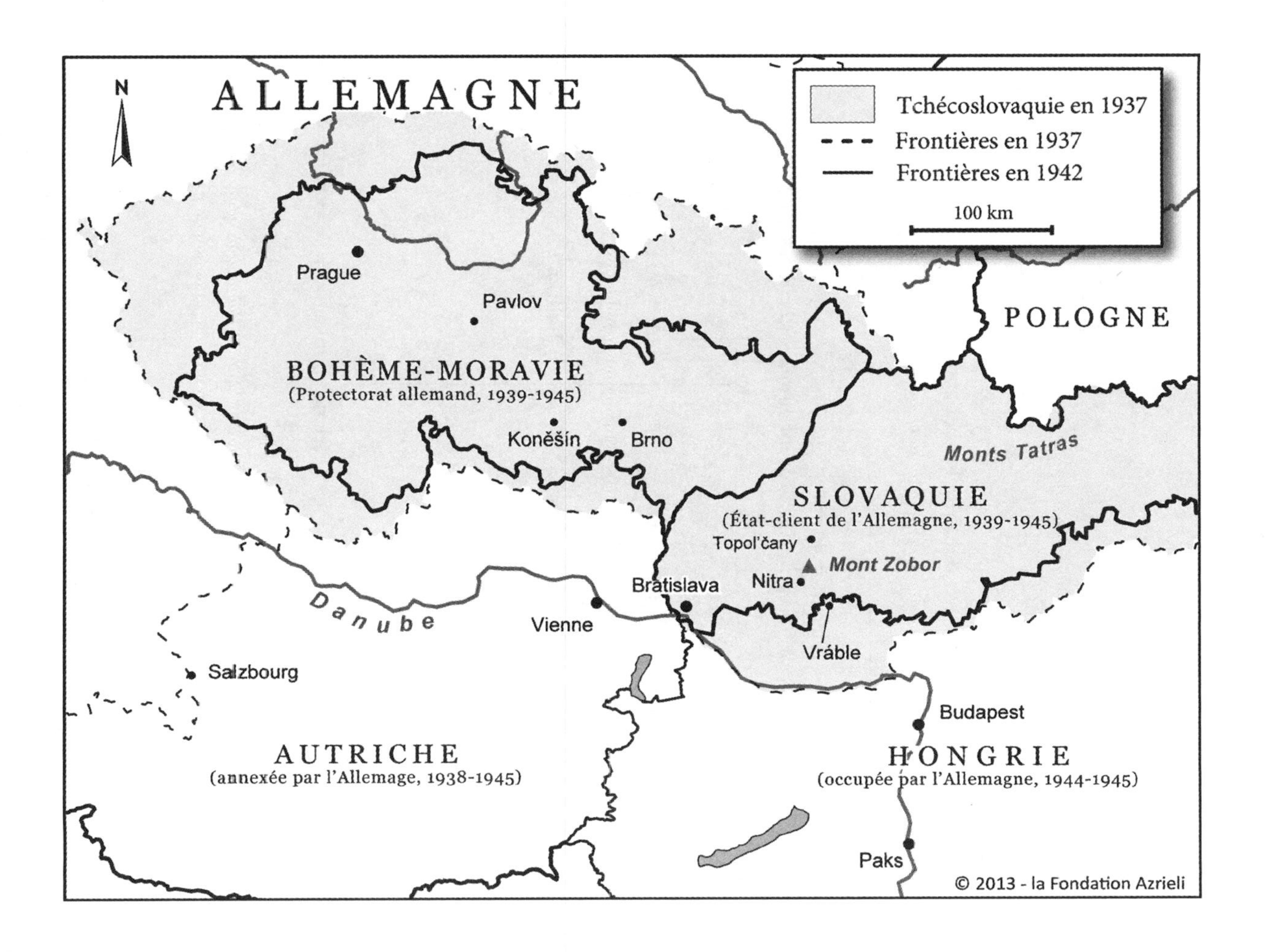
N
ALLEMAGNE
Tchécoslovaquie en 1937
Frontières en 1937
Frontières en 1942
100 km
POLOGNE
Prague
Pavlov
BOHÈME-MORAVIE
(Protectorat allemand, 1939-1945)
Koněšin
Brno
Monts Tatras
SLOVAQUIE
(État-client de l'Allemagne, 1939-1945)
Topol'čany
Mont Zobor
Nitra
Bratislava
Vráble
Danube
Vienne
Salzbourg
Budapest
AUTRICHE
(annexée par l'Allemage, 1938-1945)
HONGRIE
(occupée par l'Allemagne, 1944-1945)
Paks
© 2013 - la Fondation Azrieli

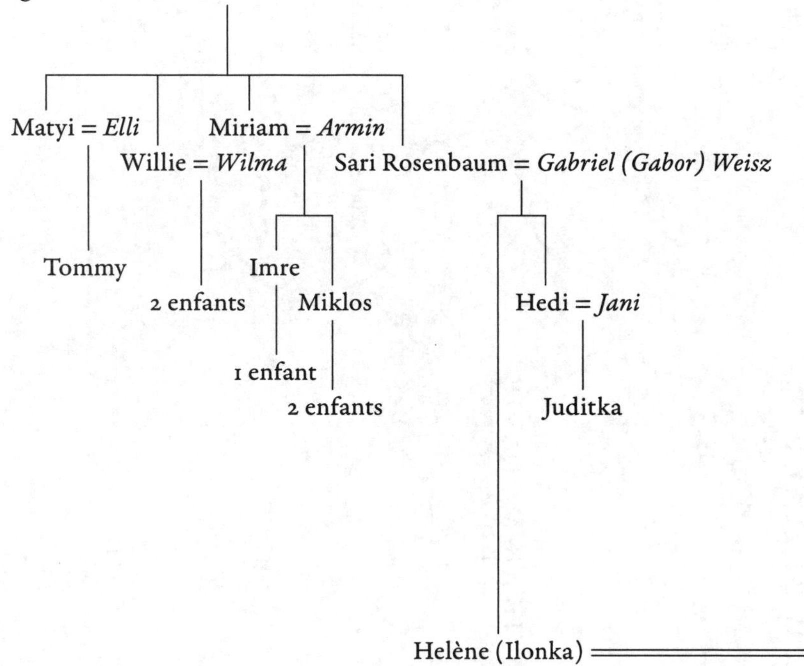
Ignacz Rosenbaum = Rosa Berceller Rosenbaum
Matyi = *Elli*
Willie = *Wilma*
Miriam = *Armin*
Sari Rosenbaum = *Gabriel (Gabor) Weisz*
Tommy
2 enfants
Imre
Miklos
1 enfant
2 enfants
Hedi = *Jani*
Juditka
Helène (Ilonka)

# Arbre généalogique

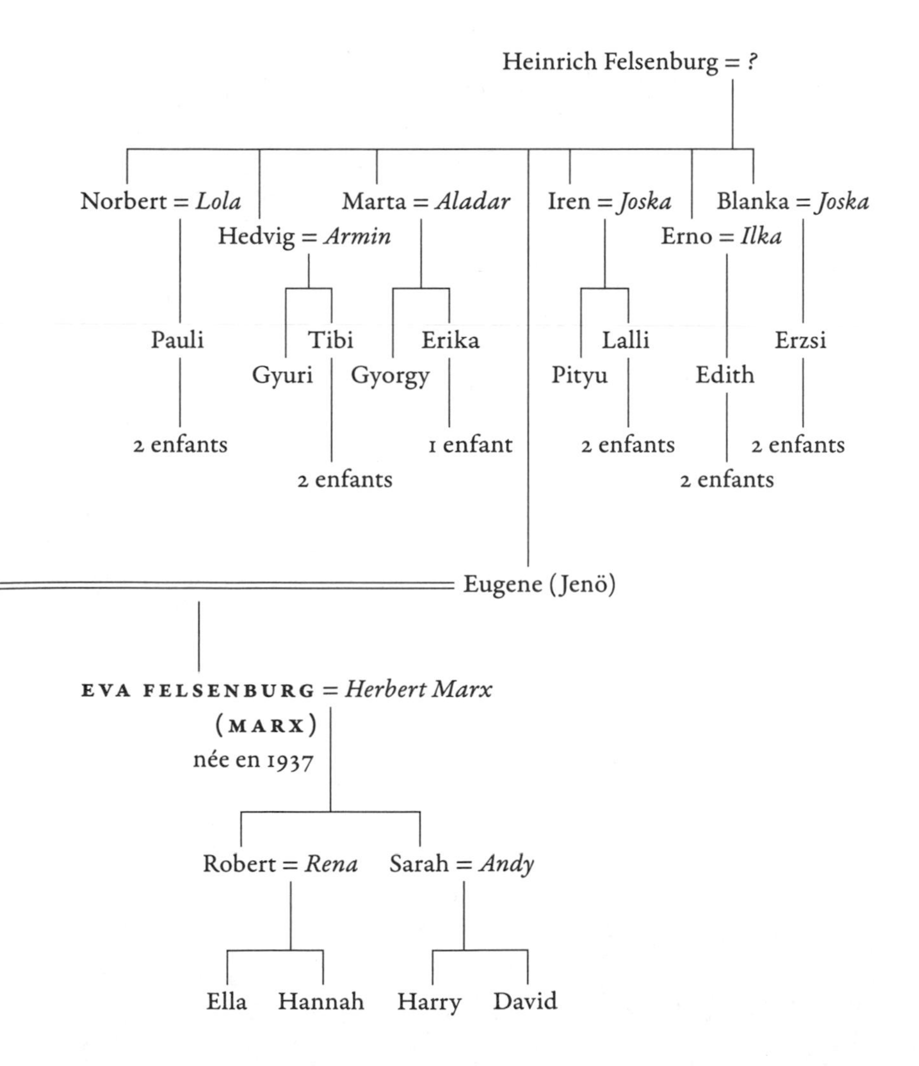

*Je tiens à exprimer ma profonde reconnaissance à mon mari, Herbert Marx, qui m'a encouragée et aidée à rédiger ce mémoire. Je le dédie avec toute mon affection à nos enfants, Robert, Rena, Sarah et Andy, ainsi qu'à nos petits-enfants, Ella, Hannah, Harry et David.*

# Brno

J'ai été parmi ceux qui ont eu de la chance. Les enfants vivant en Europe étaient sans aucun doute les victimes les plus vulnérables du plan conçu par Hitler : l'annihilation du peuple juif. Au début de la Seconde Guerre mondiale, près de 1 600 000 enfants vivaient en Europe. À la fin de la guerre, moins de 500 000 d'entre eux avaient survécu. La plupart de ces enfants étaient devenus orphelins, terrorisés par le traumatisme de l'Holocauste et privés de famille ou d'amis pour les guider face à un avenir incertain. Bien qu'ayant perdu mes grands-parents et beaucoup d'autres membres de ma famille, j'ai été sauvée ainsi que mes parents.

Je suis née le 21 octobre 1937 à Brno, en Moravie, une région de la Tchécoslovaquie; je suis la fille unique d'Eugène (Jenö) Felsenburg et d'Helen (Ilonka) Weisz. Mes parents ont quitté la Slovaquie pour Brno qui était considérée comme une ville ouverte et tolérante, riche en perspectives d'avenir. À cette époque, la Slovaquie n'était pas industrialisée ou aussi développée que la Moravie, sa voisine occidentale; la plus grande partie de l'économie slovaque reposait sur l'agriculture. Mes deux parents étaient nés dans de petites communes rurales slovaques – ma mère venait de Vráble et mon père de Topoľčany – qui possédaient néanmoins des communautés juives de taille respectable, dotées de synagogues et d'écoles hébraïques.

Brno (ou Brünn en allemand), était la capitale de la Moravie qui fait maintenant partie de la République tchèque. La Moravie, la région centrale de ce qui était à l'époque la Tchécoslovaquie, est flanquée, à l'ouest, de la Bohême et, à l'est, des Carpates blanches. Les montagnes offrent une frontière naturelle entre la Moravie et la Slovaquie; au nord, les montagnes des Sudètes (d'où les « Allemands des Sudètes » – les Allemands de souche qui résident en Moravie – tirent leur nom), forment la frontière entre la Moravie et la Pologne. Située à environ 120 kilomètres de Vienne, Brno était très imprégnée de l'influence austro-allemande. À partir du XVIIe siècle, dans la mesure où Brno faisait partie de l'empire austro-hongrois sur lequel régnait la dynastie des Habsbourg, presque toute la population composant la haute société et la moyenne bourgeoisie de Brno était soit allemande, soit de langue allemande. Nombre d'Allemands des Sudètes vivaient et travaillaient à Brno, et avaient un important degré d'affinité avec l'Allemagne. Cet élément allemand a joué un rôle critique en Tchécoslovaquie durant la guerre. Lorsque Hitler est arrivé au pouvoir, ses mesures politiques ont instantanément suscité l'enthousiasme à Brno, avant même que l'Allemagne n'ait annexé la plus grande partie de la Tchécoslovaquie en 1938.

Pourtant, si l'on remonte à 1229, l'ancienne charte de Brno était un modèle de gouvernement urbain libéral. En 1243, le roi Wenceslas en avait fait une ville libre ouverte sur le monde. C'est également à Brno que Napoléon a établi son quartier général durant la bataille d'Austerlitz en 1805. La ville était très industrialisée et aujourd'hui encore, une grande foire commerciale internationale s'y tient chaque année. Nous étions fiers des monuments de Brno, qui offraient de beaux exemples d'architecture gothique et baroque. On trouve dans la ville un conservatoire de musique et plusieurs beaux musées, ainsi qu'un théâtre et un opéra. La forteresse du Spielberg, sur la montagne de Brno, embellit le centre de la ville, à l'image du Mont-Royal à Montréal où je vis actuellement. Cette forteresse a une histoire célèbre : son donjon, qui est devenu un site touristique, abritait la prison la plus terrifiante des Habsbourg. Brno était également le lieu d'éminents établissements d'enseignement, comme l'Université Masaryk, où mes cousins Peter et Pista Seltyzer sont venus étudier la médecine, ainsi que le célèbre collège technique Beneš. De fait, c'est à Brno que le père de la génétique moderne, Gregor Mendel, a accompli ses travaux majeurs dans les années 1800. Malheureusement, l'impressionnant héritage culturel de la ville n'a pas empêché qu'elle tombe victime de la tourmente de la Seconde Guerre mondiale.

Lorsque mon père a épousé ma mère, il avait déjà achevé son apprentissage chez son oncle Morris Felsenburg, qui possédait une entreprise de fourrures prospère à Berlin. Il y a appris non seulement le commerce, mais y a également perfectionné son allemand, ce dont il était particulièrement fier. En Tchécoslovaquie, il était très important de connaître l'allemand, de le parler et de le comprendre. Le hongrois était la langue la plus influente en Slovaquie, qui avait fait partie de la Hongrie sous l'Empire austro-hongrois. Ma mère, elle aussi, parlait et lisait relativement bien l'allemand, mais la langue maternelle de mes deux parents était le hongrois. Tous deux avaient d'abord fréquenté des écoles hongroises avant d'opter pour l'enseignement slovaque lorsque la carte de l'Europe a été redessinée après la Première Guerre mondiale.

Avant la guerre, mes parents se sont efforcés de monter un commerce à Brno. En travaillant dur, et avec l'aide de ma mère, mon père a ouvert deux magasins de fourrures : l'un en face de la gare de chemin de fer de Brno et une autre concession ou boutique à la *Dom Moderné Brnenký* (La maison de la femme moderne de Brno). La DMB, comme on l'appelait, était située dans un immeuble majestueux de la rue Masarykova, en plein centre de Brno. C'était à l'époque le seul grand magasin de la ville. Comme à Paris, ainsi que dans d'autres villes européennes, tout le monde souhaitait habiter un appartement dans une rue animée et élégante, et il s'est révélé commode et pratique pour mes parents d'emménager au quatrième étage du même immeuble que celui qu'occupait la DMB. Nous utilisions une entrée séparée et un ascenseur complètement indépendant du magasin.

Il y avait trois appartements à notre étage. Les responsables de l'immeuble, monsieur et madame Bumbalek, habitaient juste à côté du nôtre, tandis que Gerti et Frantisek Kadlec, de bons amis à nous, occupaient l'appartement à l'autre bout du couloir. Je suis restée en contact avec leur fils, Jiří. Les Kadlec formaient un couple mixte, et les vieux parents juifs de madame Kadlec vivaient avec eux. La branche juive de la famille était complètement assimilée : ils mangeaient du porc et n'observaient aucune coutume juive. Ce n'était pas là chose exceptionnelle chez les Juifs tchèques qui, pour nombre d'entre eux, avaient de fortes allégeances nationales et qui essayaient de se mêler aux populations tchèques et allemandes ainsi qu'à leur culture. Je me souviens de bien des réunions amicales avec la famille Kadlec qui vivait si près de nous. Ils occupaient un appartement d'angle et avaient un piano demi-queue dont madame Kadlec jouait agréablement, tandis que son père l'accompagnait au violon.

Notre propre appartement, tout en n'étant pas aussi vaste et élégant que celui des Kadlec, était néanmoins spacieux, les grandes pièces étant reliées entre elles par des portes-fenêtres. Après la guerre, lorsque mes parents l'ont récupéré, ils ont installé une balançoire pour moi dans l'entrée, entre le salon et la large pièce attenante. Nous disposions de deux balcons, l'un donnant sur la façade et l'autre à l'arrière, près de la cuisine. Il y avait aussi une chambre de bonne (« Tout le monde a une bonne », avait l'habitude de dire ma mère), et je disposais d'une petite chambre. C'était une demeure confortable. Je me souviens combien je me sentais bien et en sécurité dans mon lit tandis que j'écoutais le bruit des tramways et le bourdonnement des voitures circulant dans la rue au-dessous de moi.

Le mariage de mes parents avait été arrangé : l'oncle de ma mère, Matyi, qui était un ami de mon père, les avait présentés l'un à l'autre. Même après leur mariage, ils n'ont guère eu de temps à consacrer aux sentiments, du fait que ma mère travaillait, aidant mon père dans ses deux magasins. Comme c'était fréquemment la coutume, elle avait amené de Vráble une bonne avec elle, une femme très dévouée, travailleuse et honnête, du nom de Marka Piesikova. Elle aidait aux travaux ménagers, et après ma naissance, elle s'occupait de moi pendant que ma mère était au travail.

Mon père a pris conscience de la chance qu'il avait eue de choisir une telle compagne. Ma mère était en effet non seulement belle, intelligente et assidue, mais elle avait également appris la broderie fine et la haute couture à Budapest lorsqu'elle était jeune fille. C'était une couturière experte, ce qui allait par la suite se révéler bien utile dans le commerce des fourrures. Elle aussi avait vécu chez des parents durant les trois années qu'avait duré son apprentissage à Budapest où elle avait étudié et appris l'art de coudre ainsi que la broderie.

Ma mère m'a raconté que ces années à Budapest étaient l'un de ses souvenirs les plus heureux. Elle avait pris pension chez sa tante Miriam (Miriam *néni*, en hongrois) et ses deux cousins espiègles, Miklos et Imre, qui avaient le même âge qu'elle. Les trois jeunes gens appréciaient le théâtre, la musique et tout ce que la ville si raffinée de Budapest offrait en matière de culture à l'époque. Mais ma mère aimait par-dessus tout la compagnie de ses cousins. Ils étaient très fiers de sa beauté et elle disait souvent qu'elle n'avait jamais autant ri que lorsqu'elle était avec eux ; ils adoraient faire des farces et des blagues inoffensives et raconter des plaisanteries désopilantes.

Comme tel était l'usage à cette époque, lorsque ma mère a eu 22 ans, sa famille a pensé qu'il était grand temps qu'elle se marie. À l'époque, ma mère était amoureuse du docteur Rafman, le jeune médecin juif de Vráble et donc un bon parti. Malheureusement, il n'a pas été sensible à ses charmes. En guise d'explication, ma mère constatait simplement : « Il ne m'a pas épousée. » Elle ajoutait, tentant de se justifier : « De toute façon, il n'était pas assez pratiquant pour mon père. » Le docteur s'est marié avec son infirmière non juive, mais cette union ne l'a pas pour autant sauvé : il a été victime de l'Holocauste.

Mon grand-père maternel, un respectable marchand de grains de Vráble, avait lui-même contracté un mariage arrangé et connu une union heureuse. C'est lui qui « a donné le coup d'accélérateur », comme disait souvent ma mère. À cette époque-là, une jeune femme juive d'un bon milieu n'avait guère d'autre vocation que le mariage. Mon grand-père a donc fait pression sur ma mère pour qu'elle s'y décide.

Mon père avait une allure distinguée et était issu d'une bonne famille. Ma mère racontait souvent comment mon père avait délibérément raté le train qui devait le ramener à Budapest, où il vivait et travaillait à l'époque, lorsqu'il était venu à Vráble pour « voir de quoi elle avait l'air » – telle était la coutume dans les mariages arrangés. Il était désireux de passer davantage de temps auprès d'elle. Après s'être fréquentés pendant une courte période, mes parents se sont mariés.

Le mariage de mes parents n'a pas été une union harmonieuse. Ils avaient non seulement des caractères complètement opposés, mais leurs antécédents respectifs étaient également très différents. Mon père était grand et avait les yeux bleus (on l'a souvent pris pour un Allemand pendant et après la guerre), tandis que ma mère était une beauté délicate aux doux yeux bruns, une *schön Judin*, « une belle Juive » comme l'appelait son docteur non juif de Brno. Mon père était énergique et ne tenait pas en place ; il avait un caractère extraverti et imprévisible et s'enflammait facilement. Elle, en revanche, était calme, introvertie et lisait beaucoup. Elle aimait les livres et appréciait tout particulièrement les écrivains anglais comme Dickens, dont elle avait lu les œuvres complètes. *The Jungle*

*Book* (Le Livre de la jungle) de Rudyard Kipling était celui qu'elle préférait. « La lecture m'a sauvée », avait-elle coutume de dire.

Ma mère venait d'une famille très unie qui vivait dans l'harmonie. Elle était l'aînée de deux sœurs et adorait sa cadette, Hedi. « C'était elle la plus intelligente, mais c'était moi la plus belle ! », disait-elle. Ma mère n'en a pas moins été une très bonne élève. « J'ai fait mon travail et ce qu'on me disait de faire », m'a-t-elle raconté. Elle rêvait d'enseigner et, lorsqu'elle n'a pas pu poursuivre sa propre carrière, elle a reporté ses ambitions sur son enfant.

La famille de mon père était au contraire tapageuse. Ils avaient perdu leur mère de façon tragique alors que mon père était très jeune, et ses six frères et sœurs passaient leur temps à se bagarrer et à se disputer. Trois autres enfants étaient morts en bas âge. Mon grand-père paternel ne s'est jamais remarié. C'était une personne sévère et stricte en matière de discipline, ce qui a eu pour effet que mon père et mon grand-père ne se parlaient pas. Des soucis financiers sont venus s'ajouter à cette vie de famille éprouvante. L'entreprise de mon grand-père – une usine de margarine à Topoľčany – avait fait faillite, précipitant la famille dans la ruine.

À l'âge de 18 ans, mon père a été enrôlé dans l'armée austro-hongroise durant la Première Guerre mondiale et, une fois celle-ci terminée, il est revenu chez lui depuis l'Italie en faisant le trajet presque complètement à pied. Il a eu le malheur d'endurer deux guerres mondiales, avec une vie difficile et précaire, ce qui a sans aucun doute affecté son caractère impatient et nerveux.

Les circonstances ont ainsi uni deux êtres de natures très différentes et aux antécédents contraires. La vie conjugale de mes parents a été remplie de tensions et de contraintes financières qui ont rendu leur existence extrêmement difficile avant même que la guerre n'éclate. Les deux partenaires ont travaillé très dur pour mettre sur pied leur affaire et pour gagner leur vie. Mais après que la région des Sudètes a été annexée par l'Allemagne en septembre 1938, et à la suite de l'invasion de la Tchécoslovaquie en 1939, la vie est devenue impossible[1]. Gagnée par l'euphorie de l'objectif de Hitler – une Allemagne unie sous le mot d'ordre « *Deutschland über alles* » (l'Allemagne avant tout) – la population allemande de Brno a adopté l'idéologie nazie et est devenue violemment antisémite.

Mon père était au courant de ce qui se passait autour de lui. Bien qu'il ait toujours trouvé très agréables et très coopératifs les clients allemands qui venaient chez lui, il a constaté un changement radical dans leur comportement et a senti que le pire était à venir. Il a compris qu'il lui faudrait quitter Brno avec sa petite famille dès que possible. Ma mère a toujours porté au crédit de mon père son profond instinct de conservation. « Il nous a sauvé la vie, disait-elle. Sans lui, nous ne serions pas là. »

---

1 En ce qui concerne l'annexion des Sudètes, de même que d'autres événements historiques importants, les grandes organisations et les populations, les lieux géographiques, les termes religieux et culturels, les mots étrangers contenus dans le texte, le lecteur est prié de se reporter au glossaire.

# Ma première fuite

Après l'invasion de la Tchécoslovaquie par les Allemands en mars 1939, les nazis ont divisé le pays. Ils ont installé le protectorat de Bohême-Moravie – qui incluait Brno – sous occupation directe, tandis que la Slovaquie devenait un protectorat semi-autonome gouverné par le Parti populaire slovaque ouvertement pronazi de Hlinka (HSSP), que présidait le père Jozef Tizo. Presque immédiatement, la branche militaire du HSSP, la célèbre Garde slovaque de Hlinka, notoirement antisémite, a rendu les conditions de vie difficiles pour les citoyens juifs. On s'est mis à harceler les Juifs et à profaner les cimetières et les synagogues, tandis que le gouvernement slovaque a commencé à adopter des lois antijuives en avril 1939, à peine un mois après le début de son mandat. En septembre 1939, la Slovaquie est entrée en guerre en qualité d'alliée du III$^{e}$ Reich.

Préoccupé par ce qui était en train de se passer, le premier geste de mon père a été de m'envoyer avec notre fidèle et affectueuse bonne, Marka, chez mes grands-parents maternels, Sari et Gabriel Weisz, à Vráble, en Slovaquie. La partie sud de la Slovaquie, où se trouvait Vráble, avait été annexée par la Hongrie juste avant l'occupation allemande et le morcellement de la Tchécoslovaquie : on y était donc beaucoup plus en sécurité. À l'époque de ce voyage, j'avais 2 ans. Marka, qui ne s'était pas mariée, me considérait peut-être comme l'enfant qu'elle n'avait jamais eue. Je sens encore aujourd'hui l'affection inconditionnelle et authentique qu'elle me portait. Je suis montée avec Marka à bord d'un train qui nous a conduites de Brno à Vráble, mais je n'ai qu'un vague souvenir de ce voyage. Il avait été convenu que si les Allemands, qui questionnaient tout le monde, nous demandaient qui nous étions, je devais répondre que Marka était ma mère. Nous devions expliquer que nous rentrions à la maison après avoir rendu visite à sa famille à Brno. Je me souviens encore du petit manteau de fourrure brun et du chapeau assorti à petites oreilles que je portais dans le train.

Ensuite, mon père a demandé à deux de ses associés, en qui il pensait pouvoir placer sa confiance, de gérer ses deux affaires à Brno. Mes parents ont ensuite quitté la ville et sont devenus des vagabonds, sans domicile ni destination fixe. Ils n'ont cessé de se déplacer pendant toute la durée de la guerre. Après le 9 septembre 1941, on a imposé aux Juifs de Tchécoslovaquie de coudre une étoile de David sur leurs vêtements de manière à pouvoir être aisément identifiables en public. Mon père décousait son étoile et celle de ma mère lors de leurs nombreux voyages.

Vivre en qualité de non-Juifs supposait d'avoir de faux papiers d'identité, qui étaient difficiles à obtenir dans l'Europe occupée par les Allemands, et ces papiers étaient constamment contrôlés par les autorités. Les Juifs pouvaient parfois se procurer des papiers légitimes sous un faux nom. Mais toutes ces ruses comportaient de grands risques pour celui qui les détenait du fait que les Allemands et les forces de police, qui collaboraient avec eux, contrôlaient si étroitement la population.

À ma connaissance, mes parents n'avaient pas de faux papiers. Mais ils ne cessaient de se déplacer, voyageant d'un lieu à un autre. À plus d'une reprise, ils ont versé des pots-de-vin au contrôleur pour qu'il les laisse descendre du train lorsqu'ils apercevaient des soldats allemands venus demander leurs papiers aux voyageurs. Mes parents sont devenus des nomades. Pour éviter d'être repérés, ils se sont séparés et ont voyagé chacun de leur côté, demeurant là où ils le pouvaient, auprès de parents, de connaissances et même, en une occasion, chez un rabbin. Ils passaient tout leur temps à éviter les Allemands et sont parvenus à se rendre jusqu'à Budapest. Par ailleurs, mon père était constamment à la recherche d'un abri sûr où nous pourrions vivre tous ensemble de façon permanente.

Durant cette période, qui a duré environ cinq ans, de 1939 à 1944, je suis restée avec mes grands-parents maternels à Vráble, tandis que Marka vivait avec sa famille à l'autre bout de la ville. Cette séparation tourmentait mes parents et moi-même, mais ils ne pouvaient pas faire autrement.

J'ai beaucoup de souvenirs de ma vie à Vráble. Je me souviens que mes grands-parents maternels étaient plutôt distants. Mon grand-père était chauve et mince, avec une moustache bien taillée. C'était un marchand de grains et il s'absentait souvent pour des voyages d'affaires à Bratislava, la capitale de la Slovaquie, ou à Nitra, une ville slovaque voisine qui allait jouer un grand rôle dans la survie de ma famille. Je ne me souviens pas d'avoir eu beaucoup d'échanges avec lui. Il était de nature introvertie et n'était pas en bonne santé : blessé au cours de la Première Guerre mondiale, il n'avait manifestement jamais retrouvé ses forces. Ma grand-mère lui cuisinait toujours des plats spéciaux, conformément au régime strict prescrit pour son état.

C'est de façon tout à fait miraculeuse que mon grand-père a eu la vie sauve pendant la Première Guerre mondiale, grâce à un livre de prières qu'il portait toujours dans sa poche. Une balle l'avait atteint alors qu'il servait dans l'armée austro-hongroise sous le règne de l'empereur François-Joseph, mais la balle, au lieu de s'enfoncer dans sa chair était venue se loger dans le livre. Aujourd'hui encore, nous possédons ce legs précieux, ce livre de prières avec le trou qu'y a fait la balle. Le fait que mon grand-père s'en tenait à un régime strictement kasher en suivant les prescriptions alimentaires juives a contribué à sa mauvaise santé : afin de s'assurer qu'il ne mange pas accidentellement de la viande non kasher durant la guerre, il s'est abstenu de manger quelque viande que ce soit, ce qui a amoindri ses forces physiques, mais non sa force morale ni sa discipline mentale.

Ma grand-mère en revanche, tout en observant toutes les traditions juives orthodoxes, était plus extravertie et moins pratiquante. Alors que mon grand-père combattait sur le front pendant la Première Guerre mondiale, elle dirigeait un magasin de confiseries pour survivre financièrement. Petite et robuste, ses cheveux blancs ramassés en chignon, elle était sévère et n'avait que peu de temps à me consacrer. C'était une femme dotée d'une forte volonté, qui gouvernait une maisonnée grouillante d'activités avec un « personnel » composé de jeunes paysannes et de femmes. Elle portait un dentier que je trouvais fascinant à cause de son cliquetis : j'aimais ce bruit et je m'efforçais de l'imiter. Je me souviens que chaque matin, je devais m'asseoir sur un pot de bébé et qu'il devait « sortir quelque chose ». Cela prenait beaucoup de temps et je faisais le tour de la grande cuisine en traînant la cuvette ronde sur laquelle j'étais assise.

Je me souviens également des visites que je rendais à Marka ainsi qu'à sa grande famille élargie. Chaque fois qu'ils fumaient le porc après avoir abattu une truie, ils faisaient une fête à laquelle ils me conviaient. J'aimais le jambon et les saucisses qu'on y servait. Je pouvais céder à la tentation sans aucune culpabilité puisque ma grand-mère fermait les yeux et me laissait profiter de ces plaisirs non kasher. En ce qui concernait ma vie à l'extérieur du périmètre de la maisonnée, je jouissais d'une liberté complète.

J'aimais à me balancer sur la haute balançoire accrochée à une solide branche près de la maison de Marka, et mieux encore, aller nager dans la petite rivière Žitava et pique-niquer en compagnie de Marka ainsi que de ses neveux et nièces. Ils apportaient d'ordinaire des melons qu'ils immergeaient dans les eaux de la Žitava pour les garder au frais. Je savourais les éclaboussements et les plaisirs de l'été, tandis que Marka nous surveillait à proximité.

Marka était profondément croyante. Elle se rendait chaque dimanche à la messe et m'y emmenait avec ses neveux et nièces.

Je me souviens combien j'admirais la belle église gothique polychrome, les statues et les objets religieux. Bien que tout le monde ait certainement compris que j'étais juive, on m'acceptait comme l'une des fidèles. Ma mère se plaisait à répéter que l'aimable gouvernante du prêtre, qui s'appelait Livora Herman, était aussi sa petite amie ! Comme il est étrange que la mémoire, si défaillante, retienne pourtant ce genre de cancan.

Ma grand-mère était ce que nous appelons en yiddish une excellente *baléboste* (ménagère) et *béryé* (bien organisée et efficace). Je me souviens de la manière dont elle dirigeait les différentes personnes qui travaillaient à son service. Sa jolie maison était d'une propreté impeccable. Il y avait un piano dans le salon (ma mère et sa sœur avaient toutes deux bénéficié de leçons de piano) et les étagères contenaient beaucoup de livres, tant profanes que religieux. Nous déjeunions dans la salle à manger ensoleillée. Le déjeuner était le principal repas de la journée, et lors du shabbat, on apportait du four du boulanger où il avait mijoté à feu doux toute la nuit, le délicieux *tcholent*, un ragoût de viande et de haricots. Il était doré à souhait, et son parfum que j'aimais faisait monter l'eau à la bouche. J'attendais également avec impatience la carpe de ma grand-mère, poisson qu'elle achetait vivant et qu'elle plaçait dans un baquet d'eau. On le lavait et le préparait à la perfection sous la surveillance de ma grand-mère, et on le servait froid dans sa propre gelée, assaisonné et parsemé de noix.

Je dormais dans une petite chambre à l'arrière et, en dépit du fait que la maison était relativement moderne, nous ne disposions pas de sanitaires intérieurs. En faisait office un appentis de bois relié à la maison par un balcon afin que nous n'ayons pas à sortir au-dehors. Ma grand-mère et son personnel entretenaient un grand jardin. Devant la maison, il y avait un joli parterre de fleurs où un chien de garde inoffensif, répondant au nom de Morza Kutya (Brin de chien), avait sa niche. Il n'avait bien sûr pas le droit de pénétrer à l'intérieur puisque son rôle était bien défini : garder la maison, derrière les grandes grilles de fer ouvragé. Il y avait également un important jardin potager et un verger avec des fraises, des groseilles vertes, des pommiers et des poiriers qui descendaient jusqu'à un petit ruisseau situé à l'arrière de la propriété. Je me souviens que je jetais des cailloux dans l'eau avec mes amis et que je ramassais des groseilles vertes. Nous nous régalions des baies acides que j'adorais.

La route devant la maison n'étant pas goudronnée, tous les samedis après-midi, nos paysans, des voisins travaillant à la ferme, arrivaient avec de longs balais faits de minces branches attachées à une extrémité. Ils versaient tout d'abord de l'eau sur la route poussiéreuse et balayaient ensuite le chemin. Les enfants adoraient s'atteler au travail et s'amusaient beaucoup ensemble à tout nettoyer. Ils m'invitaient dans leurs chaumières au sol en terre battue, où ils m'offraient du pain cuit à la maison, qui avait été légèrement trempé dans l'eau et parsemé de sucre. C'était là une friandise dont je me souviens encore. Pour autant que je sache, parents et enfants m'ont acceptée comme leur égale.

J'avais beaucoup d'amis parmi nos voisins paysans à Vráble. Nous jouions librement dans les champs et les jardins et au bord du petit ruisseau qui courait derrière la maison. Je me souviens même d'avoir joué au « docteur » et d'avoir un jour été assommée par une manivelle de fer que l'on utilisait pour pomper l'eau du puits. J'ai couru au-dessous alors qu'elle était levée et elle est venue s'écraser sur mon front. J'en porte encore une petite cicatrice. J'ai également essayé de me balancer d'une corde à linge suspendue au balcon de ma grand-mère et j'ai atterri en contrebas, face contre terre sur le gravier, les petits cailloux douloureusement incrustés dans ma peau.

Mais mon expérience la plus embarrassante s'est produite alors que je jouais dans les champs avec mes amis. Nous escaladions des meules de foin et en redescendions, et nous nous amusions beaucoup, lorsque j'ai grimpé sur un petit monticule de foin et sombré dans un tas malodorant et visqueux. C'était du fumier ! Je ne l'avais pas distingué des autres meules. C'était de l'engrais naturel qui se trouvait sous le foin et dont j'étais recouverte. J'en ai été mortifiée ! Pour comble, ma grand-mère si stricte a été furieuse et m'a récurée des pieds à la tête.

Ma mère venait de temps en temps me rendre visite à Vráble et nous voyagions parfois jusqu'à Budapest et Paks, une petite ville située le long du Danube, à environ 120 kilomètres de Budapest. Je me souviens de l'excitation du voyage lorsque ma mère et moi descendions le fleuve sur un grand bateau à vapeur. Je courais et je jouais sur le vaste pont et je m'amusais énormément à Paks. C'était la maison de mes arrière-grands-parents maternels et de beaucoup de mes parents du côté des Rosenbaum. Je me souviens combien j'aimais être entourée de toute cette parenté, tantes et oncles, et capter leur attention et leur affection.

Les grands-parents de ma mère possédaient à Paks une imprimerie avec une presse. Ils étaient si religieux que, le samedi, ils sortaient les journaux dehors afin que les clients puissent les prendre directement, car mes arrière-grands-parents ne voulaient pas avoir affaire avec l'argent le jour du shabbat : ils faisaient confiance aux clients pour qu'ils laissent le montant sur un plateau. J'aimais à jouer sur un escalier de fer en colimaçon dans leur maison. Il s'enroulait comme un serpent depuis l'appartement familial situé au premier étage jusqu'au second étage où se trouvait l'imprimerie. Je me souviens également être tombée de cet escalier et d'avoir beaucoup saigné. Le lit de mon arrière-grand-père avait la réputation de guérir celui qui l'occupait, aussi, chaque fois que l'un des nombreux enfants ou petits-enfants tombait malade ou se blessait, on l'envoyait dormir dans le lit de l'arrière-grand-père, et c'est là que je me suis rétablie moi aussi.

Mon arrière-grand-mère était extrêmement dévouée et chanceuse. Aucun des neuf enfants qu'elle avait mis au monde n'était mort, ce qui était un exploit à une époque où la mortalité infantile était élevée. Elle ne sortait jamais de la maison, gardant sa vaste progéniture. Ses filles – ma grand-mère Sari et sa jeune sœur Miriam (Miriam *néni*) – avaient refusé ce choix de vie et toutes deux avaient opté pour de petites familles de deux enfants. Ma mère avait l'habitude de me dire que Miriam *néni* pratiquait l'avortement comme méthode contraceptive. Tout en se montrant extérieurement observantes, les deux sœurs avaient l'esprit pratique et une approche très terre à terre de la religion.

Un autre souvenir que j'ai gardé de ces visites est celui d'un grand baquet de fer blanc rempli d'eau qui se trouvait dans la vaste cour élégamment pavée de mes arrière-grands-parents. Dans l'ensemble, j'ai vécu des moments heureux, entourée comme je l'étais d'une grande et joviale famille qui m'aimait. Récemment, le cousin de ma mère, Joshua Rom (né Rosenbaum), a accompli une sorte de pèlerinage dans sa ville natale de Paks; il n'y a trouvé aucune trace de la communauté juive florissante de l'époque. Seul un cimetière juif délaissé et envahi de mauvaises herbes témoigne encore de son ancienne existence.

À une autre occasion, nous avons fait un voyage à Budapest dont je me souviens très distinctement. J'étais tombée gravement malade avec une forte fièvre et des quintes de toux. Je devais respirer profondément, penchée au-dessus d'une bassine d'eau chaude, la tête recouverte d'une serviette, de manière à bénéficier des bienfaits du traitement à la vapeur. Pendant ce moment difficile, au beau milieu de la guerre, tous les parents de ma mère sont venus à notre rescousse. Ma mère et moi demeurions à Budapest avec son oncle, Willie Rosenbaum, et les familles de ma mère et de mon père nous apportaient de la nourriture et même des cadeaux comme du chocolat, un trésor rare à cette époque-là. En dépit de ma maladie, j'aimais être dorlotée. Au cours de ces excursions, je voyageais avec ma mère et je revenais ensuite chez mes grands-parents à Vráble. Je ne connais pas en détail les raisons de ces voyages, ni même leurs dates, mais peut-être mes parents exploraient-ils le terrain afin de trouver un lieu où s'établir en sécurité pendant la durée de la guerre.

~

Une nuit, alors que j'étais à Vráble depuis environ cinq ans, j'ai fait un cauchemar. Dans mon rêve, des immeubles brûlaient, des maisons étaient en feu, des flammes et de la fumée s'élevaient de partout. Je ne sais pas s'il s'agissait d'une prémonition des événements à venir, mais toujours est-il que je m'en souviens très clairement. Peu de temps après ce rêve, au printemps 1944, ma grand-mère m'a dit au revoir.

Mes grands-parents avaient loué les services d'un homme qui devait m'emmener en bicyclette de Vráble à Nitra, à 20 kilomètres de là, où je devais rencontrer mon père sous un pont. Tandis qu'elle me préparait en vue de ce voyage inhabituel, ma grand-mère avait les larmes aux yeux. Le fait que ma sévère grand-mère, si sensée, soit si émue m'a inquiétée. Elle m'a habillée en paysanne, m'attachant un mouchoir autour du cou et m'équipant de plusieurs couches de jupes colorées superposées, dans le style des paysannes slovaques. Puis elle m'a embrassée en m'étreignant. J'ai senti ses larmes mouiller ma joue et j'ai éprouvé une tristesse inexplicable. Je ne savais pas vraiment pourquoi on me renvoyait.

Ainsi déguisée afin d'éviter d'être repérée par les soldats allemands, j'étais assise, nerveuse et craintive, sur le cadre de la bicyclette pendant tout le temps du trajet, un voyage qui a duré peut-être deux heures. Mes grands-parents avaient dû entendre qu'il se préparait une rafle des Juifs de Vráble. À moins que par pur hasard, juste à ce moment-là, mon père ne nous ait déniché à force de courage un abri sûr pour tous les trois.

Le 10 juin 1944, peu après mon départ, les 252 Juifs qui restaient à Vráble ont été envoyés au ghetto de Levice, en Slovaquie; trois jours plus tard, ils ont été déportés à Auschwitz. Mes pauvres grands-parents ont donc péri tragiquement dans l'Holocauste, comme tel a été le cas de la plupart des Juifs de Vráble. Il n'est resté aucune trace de la petite communauté.

~

Je ne me souviens pas bien de mes retrouvailles avec mon père sous ce pont dans les environs de Nitra. J'avais presque 7 ans et je ne l'avais pas revu ces cinq dernières années. Je ne savais même pas à quoi il ressemblait. Je ne connais pas tous les détails de la vie de mes parents avant cette rencontre avec mon père ce jour-là. À ce stade de ma jeune existence, il m'était devenu complètement étranger. Il avait vraisemblablement choisi Nitra, une petite ville de 15 000 habitants, du fait qu'il s'y trouvait des relations d'affaires et un cousin germain dont il était très proche, Nandor Felsenburg, qui était l'ingénieur de la ville. Nandor était venu à Brno pour étudier à l'université et mon père l'avait aidé financièrement pour qu'il termine ses études. Peut-être mon père attendait-il désormais qu'il l'aide en retour. Il a également fait venir à Nitra ses associés dans le commerce de fourrures afin qu'ils l'aident.

Nandor avait trouvé un abri pour lui-même, pour sa femme Herta et leur fillette Eva, dans une ferme à la campagne, près du mont Zobor, à 4 kilomètres de Nitra. Ils espéraient qu'ils y seraient plus en sûreté qu'en ville. Hélas, cela ne s'est pas révélé le havre de sécurité que Nandor avait espéré. Un jour, en effet, les Allemands sont venus frapper à leur porte et ont emmené Nandor et sa femme. Le fermier s'est débrouillé pour faire passer Eva pour l'une de ses propres filles. Nandor a survécu à Auschwitz, mais malheureusement Herta a péri. Eva, protégée par le fermier et sa femme, a retrouvé son père après la guerre.

La période où mon père et moi avons attendu que ma mère nous rejoigne n'a pas été agréable. Au début, j'étais en pension chez une grosse femme que j'appelais Tamaci *néni*, et où je me suis sentie particulièrement mal à l'aise. Je me souviens du sentiment d'insécurité que j'éprouvais à vivre seule avec elle. Mon père avait trouvé un autre lieu sûr. Puis j'ai emménagé ailleurs. Cette fois-ci, j'ai habité chez une femme juive d'un certain âge. Je me souviens d'un malheureux incident où j'ai renversé de l'huile qui chauffait sur la cuisinière. La poignée de la casserole dépassait et je m'y suis cognée, répandant son contenu. Même s'il ne s'agissait là que d'un accident, cette femme a voulu y voir une grande calamité que j'aurais délibérément provoquée. Je me souviens encore de sa colère et de ses menaces alors qu'elle nettoyait les dégâts. Elle a raconté ce qui était arrivé à mon père, si bien que je me suis sentie coupable et honteuse.

Je me souviens combien j'étais tendue, alors que j'attendais le retour de ma mère chaque jour de ce printemps. Cela faisait très longtemps que je ne l'avais pas vue. Qu'allais-je lui dire ? À quoi ressemblerait-elle ? Mais ce qui a suivi a été une libération. Être réunie avec ma douce et compréhensive mère adorée était paradisiaque. Je ne me suis plus jamais sentie seule ou abandonnée, si difficiles ou dangereuses qu'aient été les circonstances qui ont suivi. Elle était mon ange gardien qui me soutenait et me protégeait contre tout mal.

# Cachée

À l'été 1944, trouver un abri sûr pour nous trois était particulièrement difficile. La résistance contre l'occupation allemande en Slovaquie s'amplifiait et une insurrection contre le régime slovaque a été déclenchée à la fin d'août 1944. Pour y mettre un terme, les troupes allemandes sont intervenues et ont accru leurs persécutions contre les Juifs slovaques, raflant des milliers d'entre eux pour les envoyer dans des camps de concentration.

Le risque était très élevé pour ceux qui cachaient des Juifs, et qui couraient le danger d'être arrêtés et sévèrement punis. De nombreuses familles juives comme la nôtre continuaient à espérer qu'elles pourraient patienter jusqu'à la fin de la guerre, anticipant le moment où elles ne seraient plus des cibles à abattre. Pourtant, même là où les sentiments antinazis prédominaient, il faut bien reconnaître que la volonté de sauver les Juifs de Slovaquie n'a jamais égalé la volonté de les voir partir. De regrettables histoires circulaient sur des gens qui avaient escroqué leurs économies aux Juifs en promettant de les sauver moyennant finances et qui les avaient ensuite dénoncés à la Gestapo, la police secrète nazie. Beaucoup d'autres qui, au départ, étaient animés de bonnes intentions et qui avaient aidé les Juifs, finissaient par les expulser une fois saisis par l'angoisse et par la peur.

Ma mère émettait de sérieux doutes concernant l'abri « sûr » qu'avait trouvé mon père. Il était situé sur la rue principale de Nitra, à quelques maisons du quartier général de la Gestapo. C'était un appartement situé au dernier étage d'un immeuble qui en comptait quatre. Outre notre petit trio, deux autres familles juives devaient se cacher avec nous : un couple sans enfant et une famille comme la nôtre, avec une fille, Judka, qui avait environ 7 ans comme moi. Judka et moi nous entendions bien, ce qui était une chance, car nous allions rester cachées dans cet appartement sans pouvoir sortir pendant sept longs mois.

L'un des fournisseurs de mon père avait aidé à l'agencement de notre appartement en compagnie de sa sœur Aranka, une mère célibataire – un terrible déshonneur à cette époque – et qui avait désespérément besoin d'argent pour payer ses dettes. Son petit garçon, Cuci, était un enfant adorable d'environ 3 ans, vraiment charmant et bien élevé. Nous avons appris par la suite que Cuci, une fois adulte, était devenu un grand policier à Nitra. Malheureusement sa mère s'est révélée instable et peu digne de confiance. Toutefois, même si ses motivations pour abriter trois familles juives étaient loin d'être altruistes, elle n'en a pas moins sauvé nos vies, ce dont nous lui sommes éternellement reconnaissants.

L'appartement était spacieux et comportait deux grandes pièces; l'une était le salon qui comprenait une cuisine, un coin-repas et un grand garde-manger. Nous devions nous tenir là et ne jamais quitter les lieux. Dans le salon, il y avait un canapé-lit que ma mère partageait avec moi. Mon père dormait dans la même pièce, sur des fourrures étendues à même le sol. Je ne me rappelle pas comment nos compagnons de « détention » s'étaient organisés pour dormir, mais je sais que nous étions unis lorsque l'un d'entre nous était confronté aux violents emportements d'Aranka. Rien ne lui plaisait. Elle entrait dans des rages folles pour des bagatelles et réclamait toujours davantage d'argent.

Durant la journée, mon père restait actif, travaillant et façonnant les fourrures avec son associé : cela faisait partie du contrat pour notre logement. Les femmes cousaient, terminaient les doublures des manteaux de fourrure et préparaient les repas. Judka et moi jouions avec des jouets que nous avions fabriqués. Je me souviens d'une poupée que j'avais confectionnée à partir d'un mouchoir. Judka et moi nous sentions innocemment en sécurité, protégées du mal par nos parents, en cette période éprouvante. Mon père veillait à nous dispenser régulièrement des leçons d'hébreu à toutes deux. Même s'il ne se montrait pas le plus patient des professeurs, c'était important dans les circonstances actuelles pour rythmer notre temps. Je me souviens également de la manière dont nous nous blottissions tous sans bruit autour de la radio en mettant le son assez bas pour que nos voisins ne nous entendent pas. Nous écoutions les émissions de la BBC (*British Broadcasting Corporation*) qui commençaient par les accords de la Cinquième symphonie de Beethoven. Les ondes nous apportaient les nouvelles encourageantes dont nous avions tant besoin, décrivant la progression des Alliés face aux troupes allemandes, informations censurées qui n'étaient jamais rapportées par les stations locales. Ces dernières racontaient des mensonges en répandant la propagande nazie et en inventant des victoires allemandes.

Comme je l'ai déjà dit, nous n'avons jamais quitté l'appartement pendant ces sept mois. Même si la fin de la guerre était proche, les Allemands continuaient de manière incroyable et obsessionnelle à pourchasser les Juifs. Nous ne portions même pas de chaussures afin d'éviter de faire du bruit, de peur que les locataires du dessous ne nous entendent. La nuit, en chaussettes, nous nous rassemblions autour d'une fenêtre ouverte, toutes lumières éteintes, pour aspirer une bouffée d'air frais.

Le frère d'Aranka nous aidait en nous apportant des provisions. Mais il n'était pas notre seul visiteur : Aranka donnait des rendez-vous aux soldats allemands et elle les a amenés à la maison à plusieurs reprises. Elle était complètement irresponsable et faisait fi de toute prudence. L'une des femmes juives qui vivaient dans la cachette se faisait alors passer pour sa bonne et sa cuisinière, servant des cocktails et le dîner à Aranka et à ses petits amis, pendant que le reste du groupe se tenait recroquevillé dans le vaste garde-manger. Je me souviens combien nous avons tous été terrifiés lorsque j'ai éternué, et comme nous étions effrayés à l'idée que son petit ami allemand ne nous surprenne. Elle nous traitait avec arrogance, menaçant de nous dénoncer et exigeant de plus en plus d'argent. « Si vous ne me payez pas davantage, je préviendrai les SS ! », nous criait-elle. Mon père, qui n'était pas du genre à se laisser intimider, lui faisait alors remarquer : « Si vous faites cela, vous signez votre propre arrêt de mort pour avoir abrité des Juifs. » Mon père s'opposait à elle, mais nous ne savions jamais à quoi nous attendre. Elle était tout à fait imprévisible. Un matin, elle s'est montrée furieuse parce que je ne l'avais pas saluée. Elle m'a réprimandée devant tout le monde, criant à propos de mon impolitesse. J'en ai été effrayée et humiliée.

Alors que la guerre faisait rage autour de nous, nous avons entendu à la BBC que les Allemands perdaient du terrain et se repliaient. Nous en avons été ravis. On aurait pu penser que les Allemands auraient concentré leurs efforts sur la manière de consolider leur force, mais au lieu de cela, ils continuaient à être obsédés par l'anéantissement des Juifs. Ils faisaient du porte-à-porte, fouillant les maisons à la recherche de Juifs cachés. Ils ont perquisitionné notre immeuble et sont montés jusqu'au troisième étage.

Une veuve, dont feu le mari avait été Juif, vivait au troisième étage, juste au-dessous du nôtre. Elle connaissait notre présence à l'étage au-dessus et manifestait sa sympathie à l'égard de notre situation. Une fois que les SS eurent fouillé son appartement, elle leur a dit avec désinvolture : « Ce n'est pas la peine de monter, il n'y a personne au-dessus. » Heureusement, les SS ont suivi son conseil et n'ont pas cherché plus loin. Il s'en était fallu de peu. L'aimable veuve avait risqué sa vie pour sauver les nôtres.

Fin mars 1945, lorsque l'Armée rouge a marché sur Vienne pour attaquer les bastions allemands, le conflit sanglant a explosé en Slovaquie. À Nitra, les sirènes ont retenti pour avertir la population qu'il fallait se rendre aux abris au moment où les bombes soviétiques ont commencé à tomber alentour. Nous entendions le vrombissement des bombardiers et le sifflement de leur cargaison mortelle au-dessus de nous, mais nous n'avions aucun endroit où nous mettre à couvert. Nous avions peur de fuir : en tant que Juifs, il nous fallait rester cachés mais il était trop dangereux de demeurer dans l'appartement. Nous avons alors pris conscience que le moment était venu d'abandonner notre cachette. Nous étions terrifiés à l'idée que l'on nous reconnaisse comme Juifs, mais nous n'avions pas le choix. Nous nous sommes habillés aussi discrètement que possible et nous avons quitté l'appartement où nous ne sommes jamais retournés.

Les gens fuyaient Nitra, emportant ce qu'ils pouvaient, cherchant à s'abriter contre des bombes qui étaient principalement dirigées sur le centre de la ville. Nous formions une masse humaine en mouvement. Juifs et non-Juifs s'enfuyaient à toutes jambes en direction du mont Zobor.

Mon père avait une peur tout à fait compréhensible qu'on nous repère en tant que Juifs et qu'on nous prenne pour cible. Je me souviens que je portais un fichu bleu et qu'il m'a alors crié : « Enlève ça ! Ne sais-tu pas que le bleu est une couleur juive ? » La tension engendrait une véritable paranoïa.

Nous avons marché péniblement toute la journée, essayant d'échapper aux bombardements et à la dévastation qui avaient enveloppé Nitra. Maisons et immeubles n'étaient plus que ruines autour de nous. Les déflagrations, le crépitement des tirs d'artillerie et le hurlement des sirènes nous accompagnaient. Au cours de ce long et difficile périple qui nous a conduits vers la montagne, les trois familles de notre groupe sont restées ensemble. Au moment où la nuit est tombée, nous avons trouvé une grotte. Bien qu'humide et froide, elle nous a servi d'abri. Pendant cette longue nuit, j'ai dormi dans le giron de ma mère. Reconnaissante de son amour et de sa protection, je me souviens encore de la tendre attention aimante et désintéressée, du sacrifice dont elle m'a fait bénéficier. Je savais combien cela avait dû être inconfortable pour elle et combien elle avait peu dormi dans cet affreux endroit.

Au matin, nous avons repris notre long et difficile chemin sans avoir idée de notre destination. Nous savions seulement qu'il nous fallait fuir, essayer de rester en vie, éviter les bombes qui tombaient autour de nous et espérer ne pas être abattus par les Allemands. Soudain, alors que nous étions au plus profond de la forêt, nous sommes tombés sur un grand édifice tout en bois. Nous avons vite compris qu'il s'agissait d'un monastère. Là, en pleine montagne, au beau milieu de la forêt, nous étions arrivés par hasard au monastère de Zobor, un havre de sécurité potentiel. Nous étions exténués et avions désespérément besoin d'un refuge, de nourriture et de répit. Comment allait-on nous accueillir ?

Nous avons frappé à la grande porte d'entrée. Un moine, revêtu d'une longue soutane brune, est apparu. À la vue de notre groupe débraillé et épuisé, il nous a aimablement laissés entrer. Il a dû immédiatement comprendre que nous étions des Juifs en fuite. Il nous a conduits à l'étage dans une vaste pièce confortable où il y avait assez de lits pour nous tous. Il nous a expliqué que, puisque nous étions juifs, il nous laissait la jouissance privée de ces quartiers. Il y avait apparemment aussi de nombreux réfugiés non juifs de Nitra dans le vaste rez-de-chaussée du monastère. Nous nous sommes allongés avec gratitude pour nous reposer, soulagés d'avoir trouvé un sanctuaire.

À peine avions-nous commencé à nous détendre, qu'on a frappé un coup brutal à la porte. Horrifiés, nous avons vu des soldats allemands dans l'encadrement, qui demandaient à voir nos papiers d'identité. « Ces familles sont des *ausgebombt* (victimes du bombardement) », a expliqué le moine courageux et humain qui accompagnait les soldats, avant de refermer doucement la porte. Une fois de plus, nos vies avaient été épargnées. Nous serons à tout jamais reconnaissants à ces moines profondément religieux et intègres qui nous ont manifesté leur compassion et leur gentillesse et qui ont risqué leurs vies pour nous offrir un refuge.

Les jours suivants, nous avons rejoint les autres réfugiés pour les repas dans la vaste salle commune du rez-de-chaussée. Nous nous sommes mêlés aux autres habitants de Nitra, attendant avec angoisse l'issue des batailles qui faisaient rage autour de nous. Nous savions que les troupes soviétiques chassaient les forces allemandes de Slovaquie, mais nous nous demandions encore : quand la guerre sera-t-elle terminée ? Quelle en sera l'issue pour nous ? Pour passer le temps, nous sortions faire un peu d'exercice dans la grande cour recouverte d'herbe du monastère. Ce vaste espace était entouré d'une haute palissade de bois dotée d'un énorme portail bien fermé. Nous tournions en rond, arpentant le périmètre du domaine en tous sens et respirant l'air frais de la montagne.

Je n'oublierai jamais ce jour du 4 avril 1945 lorsque nous avons entendu que l'énorme porte du jardin du monastère s'ouvrait en grand. Nous nous tenions encore parfaitement immobiles lorsque les soldats soviétiques victorieux y ont pénétré et nous ont libérés. Nous les avons enlacés et embrassés, et nous avons fait de même entre nous, sautant en tous sens, riant et pleurant à la fois. La guerre était finie ! Nous étions libres. Après toutes ces années de terreur, de peur et de folie, la guerre était finalement terminée.

Les soldats soviétiques me paraissaient si amicaux et même si séduisants ! Je me souviens d'une « rançon » amusante qu'ils ont exigée. Les soldats ne possédaient pas grand-chose et avaient enduré de terribles privations durant la guerre. Ils prisaient tout particulièrement les montres-bracelets. « Casi ? », nous demandaient-ils ? Une montre ? Ils prenaient alors nos montres et les attachaient à leurs propres poignets, les exhibant fièrement avec les autres montres qu'ils avaient déjà accumulées. Nous leur avons volontiers donné les nôtres, c'était là un petit prix à payer à ceux qui me semblaient à l'époque nos libérateurs, réconfortants et amicaux.

# Après la guerre

Après mai 1945, la guerre terminée, la difficile tâche de retrouver les membres de la famille et de rassembler les morceaux de notre vie restait encore à accomplir. La première chose qu'ont faite mes parents a été de retourner à Vráble où ils avaient l'intention d'attendre mes grands-parents, espérant, contre tout espoir, leur retour.

Nous ne sommes restés que peu de temps à Vráble. Mes parents m'ont inscrite en maternelle à l'école du quartier. Cette période a été amère et malheureuse pour moi. La maîtresse était mesquine et antisémite. Elle s'en prenait régulièrement à moi et me tirait l'oreille, si bien que je rentrais en larmes. Finalement, ma mère est allée se plaindre au principal. La maîtresse m'a mieux traitée, mais j'ai tout de même été contente lorsque nous avons décidé de quitter Vráble pour Nitra. Lorsqu'aucun Juif n'est revenu à Vráble, nous avons bien dû accepter le pire. Ma mère était effondrée. Sa chère sœur, Hedi, et sa petite fille chérie, Juditka, ne sont jamais revenues à Nové Zámky où elles avaient vécu avant la guerre. Jani, le mari de Hedi et le père de Juditka, avait survécu, mais il avait le cœur brisé sans sa famille. Il a fini par émigrer en Amérique du Sud et s'est remarié, mais nous avons appris qu'il s'était suicidé quelque temps plus tard. Nous n'avons jamais su en détail ce qui était advenu de mes grands-parents, de Hedi ou de Juditka après leur arrivée à Auschwitz.

Tandis que ma mère et moi attendions à Vráble, mon père est parti en voyage vers Nitra et Brno. Pendant ce temps, ma mère vivait d'espoir. Marka, qui était notre bonne avant la guerre, nous était restée toujours aussi fidèle. Elle avait enterré les couverts d'argent massif de mes grands-parents, ainsi que d'autres objets de valeur avant qu'ils ne soient raflés. Elle les avait gardés en sécurité et nous a ensuite montré où elle les avait cachés. Un après-midi, elle m'a emmenée en excursion dans une ville voisine pour rendre visite à un ami de notre famille, un professeur hongrois célibataire qui s'appelait Piri. Le père de Piri avait été le notaire et l'avocat de mon grand-père, et notre famille lui faisait confiance. Je me souviens comment Piri a dit à Marka que ma famille devrait lui être reconnaissante pour tout ce qu'il avait fait pour nous pendant la guerre – pour ma part, on ne m'a pas expliqué ce qu'il avait fait. Je me suis sentie mal à l'aise et j'ai été contente lorsque nous sommes parties. En cette belle et douce journée, je me souviens être rentrée à la maison main dans la main avec Marka, à travers les champs sur lesquels le soleil dessinait des taches, dissipant l'appréhension et le malaise que j'avais ressentis pendant cette visite.

À la fin de l'été, lorsque tout espoir de retrouver les parents manquants s'est dissipé, nous avons quitté Vráble. Mon père a vendu la maison de mes grands-parents et nous avons provisoirement emménagé à Nitra pour vivre dans la propriété de mon cousin Nandor. C'était une grande maison dans le quartier élégant de la ville. Nandor avait perdu sa femme à Auschwitz et vivait là avec sa fille qui avait 7 ans comme moi. Étrangement, nous portions les mêmes prénoms et noms de famille : nous nous appelions toutes deux Eva Felsenburgova (*-ova* étant une terminaison rajoutée aux noms de famille des femmes dans les pays slaves).

Tandis que mon père s'efforçait de régler nos affaires à Brno, je suis restée avec ma mère à Nitra et on nous a inscrites, Eva et moi, à l'école du quartier. Je me souviens de la confusion qu'ont semée nos noms identiques, étant donné que nous étions dans la même classe.

Je me souviens également que nous suivions quotidiennement l'enseignement religieux catholique, et qu'en guise de devoir à la maison, nous devions apprendre des passages du Nouveau Testament. Les prêtres qui nous enseignaient la religion étaient très gentils avec nous, ils nous donnaient de jolies images de Jésus, de Marie et de Joseph, ce qui contrariait nos familles. Nandor a dû parler aux autorités de l'école, car bientôt Eva et moi-même avons été dispensées du cours de catéchisme. Nous allions nous asseoir dans le couloir pendant ces leçons, et nous nous sentions gênées d'être ainsi mises à part. Pourtant les prêtres sont toujours restés aimables avec nous, même après que nous ayons été dispensées de leurs cours.

Nandor, le cousin de mon père, a commencé à fréquenter une charmante veuve dont le mari avait été médecin à Nitra. Lui et leur fils avaient péri dans l'Holocauste. La femme était pharmacienne et avait réussi à survivre. Tous deux se sentaient seuls et il paraissait tout à fait naturel qu'ils finissent par se marier.

Ma cousine Eva était, peut-être à juste titre, une enfant déprimée et malheureuse. Ma mère faisait de son mieux pour lui prodiguer son affection et son attention, mais sa propre mère lui manquait cruellement. Son père lui faisait des cadeaux somptueux afin d'essayer de compenser son manque. Un jour, elle a reçu une merveilleuse poupée qui ouvrait et fermait les yeux, quelque chose que j'avais toujours désiré. Mon père lui, ne m'a apporté qu'une poupée de chiffon. Je me suis montrée déçue et jalouse, mais au fond de moi-même, j'ai pris conscience que j'avais ma chère maman, tandis qu'elle avait perdu la sienne.

À l'hiver, on nous a envoyées, Eva et moi, dans un camp sioniste dans les Alpes slovaques. C'était incroyable que si peu de temps après la guerre une organisation de jeunesse juive, l'*Hashomer Hatzaïr*, puisse rassembler les enfants survivants. J'ai adoré cette expérience. Nous avons appris des chansons sionistes en hébreu, et j'ai été très heureuse dans cette atmosphère amicale et chaleureuse. Même Eva a commencé à s'épanouir un peu. La seule chose désagréable dont je me souvienne concernait les affreuses toilettes intérieures. Pour les utiliser, nous devions attendre en faisant longuement la queue, mais nous plaisantions et nous nous taquinions pour faire passer le temps en nous amusant et en riant.

Nous sommes retournées à Brno à temps pour le trimestre scolaire suivant. Mon père s'était débrouillé pour récupérer notre appartement et il s'attaquait à la tâche difficile de remettre sur pied son affaire, qui avait sérieusement périclité durant sa longue absence, la guerre ayant décimé l'économie et la ville. Nombre de maisons et d'immeubles à Brno étaient en ruines et devaient être reconstruits. Celles qui tenaient encore debout portaient les stigmates des bombardements. Nous avons eu de la chance que notre immeuble soit resté relativement intact. La reconstruction massive a commencé et Brno a retrouvé lentement son aspect normal.

Ma mère a invité Marka à nous accompagner à Brno et à rester avec nous. J'ai été ravie qu'elle accepte. Ma mère disait souvent : « Une Marka vaut tous les appareils ménagers », car elle nous aidait pour les corvées, la cuisine et le lavage. Elle faisait partie de la famille, mais appelait toujours ma mère « *Moje Milospani* » (madame). Cette déférence était la coutume dans l'Europe de l'époque. Elle avait un profond respect et de l'affection pour ma mère. Pour parler de moi, elle avait un autre surnom : « *Andelcek z roski* » (un petit ange avec des cornes), car je pouvais me montrer très espiègle avec elle, sachant bien qu'elle laissait passer toutes mes gamineries.

On m'a inscrite au collège du quartier à Brno et ma première année a été difficile. Ayant fréquenté l'école primaire à Nitra, j'avais appris la langue et la grammaire slovaques. Même si la langue tchèque et la langue slovaque sont très proches, et que les locuteurs slovaques comprennent facilement les Tchèques et vice versa, il y a des différences distinctes en matière de grammaire, de prononciation et même de vocabulaire. J'ai malgré tout survécu à cette première année. Les cours, qui commençaient à 8 heures du matin, se prolongeaient jusqu'à midi et, après le déjeuner, ils reprenaient de 13 heures 30 à 16 heures 30. Nous rentrions à la maison pour le déjeuner et je pouvais ainsi reprendre contact avec ma mère ou Marka, puis retourner à l'école pour la session de l'après-midi.

Ma mère m'a toujours encouragée dans mes études. Pour m'aider à parler couramment, elle n'utilisait que le tchèque avec moi, et mon père faisait de même. Ils n'en continuaient pas moins à converser entre eux en hongrois puisque c'était leur langue maternelle. Étant donné que j'ai entendu le hongrois toute ma vie, je peux toujours parler et comprendre cette langue difficile, et même mieux que le tchèque ou le slovaque, que je n'ai pas entendus souvent après avoir immigré au Canada.

L'année suivante à Brno a été très heureuse pour moi, surtout du fait que j'étais dans la classe de madame Helena Cechova qui était une professeure merveilleuse que tous ses élèves adoraient, car elle réussissait à faire de l'enseignement une partie de plaisir. Outre les disciplines telles que le russe, qui était désormais obligatoire, elle était également notre professeure de musique et d'art. Aussi incroyable que cela puisse paraître, elle rendait l'école si attrayante que nous étions tous désolés lorsqu'arrivait 16 heures 30 et que nous devions la quitter. À cette époque, j'avais appris le tchèque et je m'exprimais plus couramment, ce qui m'a aidée à me faire des amis.

J'étais la seule enfant juive dans toute l'école. Ma nouvelle amie, Eva Rientova, avait une mère juive, mais son père était un Allemand non juif qui avait risqué sa vie pour protéger sa famille pendant la guerre. Ils ne se considéraient pas comme juifs. Nous sommes devenues les meilleures amies et je suis souvent allée chez elle. Après l'école, nous jouions ensemble sur la montagne de Brno (que nous appelions la montagne du Spielberg), ainsi que dans les nombreux parcs à proximité. Comme la plupart des enfants de Brno, nous avions toutes deux des trottinettes – les bicyclettes étaient une dépense excessive en ces jours d'après-guerre. Ces trottinettes étaient notre moyen de transport favori pour les nombreuses excursions que nous entreprenions à travers Brno.

Une autre amie que j'aimais vraiment et que j'admirais, était Kaja Mudrakova. Elle était la meilleure élève de la classe et madame Cechova m'avait fait asseoir à côté d'elle. J'ai appris par la suite qu'elle était devenue médecin. Son père était coiffeur et elle avait une sœur aînée qui n'était pas aussi talentueuse qu'elle. Je me souviens qu'elle m'avait invitée à son anniversaire et combien elle s'était toujours montrée aimable à mon égard. Il y avait également Milada Drobna, la beauté de la classe, et Pernica, un grand garçon qui avait le béguin pour elle.

À midi, après l'école, nous sautions à la corde ou bien nous jouions à la marelle et au ballon dans la cour de l'église qui jouxtait l'école. Nous jouions également à cache-cache, à ceci près que nous ne l'appelions pas ainsi. Les enfants disaient plutôt : « Jouons à "le Juif arrive" », ce sur quoi tout le monde s'enfuyait, sauf « le Juif » qui devait chercher les enfants hors de vue. Ce genre d'insultes antisémites était perçu comme acceptable et imprégnait l'atmosphère de la Tchécoslovaquie, avant comme après la guerre.

J'ai également rejoint le *Sokol*, l'équivalent tchèque du YMCA. Nous jouions au volley-ball, mais on nous demandait de nous aligner tranquillement au coup de sifflet. Un jour où nous avions été plus exubérants que d'ordinaire, notre moniteur s'est exclamé : « Qu'est-ce que c'est que ce comportement ? Vous vous tenez presque aussi mal que des écoliers juifs ! » J'étais la seule Juive et j'étais très sensible à ces critiques désapprobatrices, alors que la population en général était née et avait été éduquée avec ce genre de préjugés.

Au milieu du trimestre, notre classe a accueilli un nouvel élève, Peter Sagher, originaire de ce qui allait devenir l'État d'Israël. Je n'étais plus la seule élève juive de l'école. Son père avait immigré en Palestine avant la guerre, mais il était revenu dans sa patrie, la Tchécoslovaquie. Comme il arrive souvent entre enfants, Peter et moi étions tour à tour amis et ennemis. Nous faisions tous deux partie du *Hashomer Hatzaïr*, le groupe de jeunesse sioniste de Brno, qui se réunissait pour des activités après l'école, pendant les vacances et même pour un bal costumé à *Pourim*. Plus tard, j'ai appris que Peter était devenu médecin, qu'il avait épousé une femme tchèque et était resté à Brno.

Pour les grandes fêtes – les importantes fêtes d'automne qui commencent avec le Nouvel An juif (*Rosh Hashana*) et qui s'achèvent le Jour du Grand Pardon (*Yom Kippour*) – toutes les familles juives se réunissaient dans une grande synagogue subventionnée par l'État. J'aimais m'y retrouver avec les gens que nous avions connus à Brno, tous des survivants. C'était une atmosphère très *heymish*, réconfortante. Même si la plupart de nos familles étaient assimilées et ne pratiquaient pas la religion après la guerre, nous observions les fêtes et avions une forte identité juive. Lorsque je suis allée à Brno en compagnie de mon mari en 1987, je n'ai malheureusement pas pu retrouver l'emplacement de la synagogue, et lorsque j'ai demandé où elle se trouvait au bureau d'information touristique, l'employé m'a demandé, les yeux ronds : « Qu'est-ce qu'une synagogue ? » Malheureusement, il semblerait qu'il ne reste plus trace de notre communauté à Brno.

De manière ironique, la période d'après-guerre à Brno a été la plus stable et la plus heureuse de ma jeune existence. J'avais eu de la chance. Mes deux parents avaient été épargnés et nous nous efforcions autant que possible de nous réunir avec ce qui restait des membres de notre famille : des tantes, des oncles et des cousins. Nous nous rendions mutuellement visite. Nous allions à Budapest et ma mère et moi séjournions chez Miriam *néni* qui avait survécu avec ses deux fils. Je me souviens d'avoir rendu visite à ma tante Irén, la sœur de mon père, à Budapest, et à ses deux fils adolescents, Pityu et Lalli, qui étaient très facétieux. Mon grand-père paternel avait également survécu et vivait avec eux.

Une fois, j'ai été invitée à passer la nuit chez ma tante Marta avec mes cousins Erika et Gyorgi, à Budapest. Ils étaient plus âgés que moi, mais tante Marta a voulu se montrer hospitalière. Mais mes craintes nocturnes m'empêchant de dormir, mon oncle Aladar a dû me reconduire au beau milieu de la nuit auprès de ma mère dans la maison de Miriam *néni*. J'ai eu l'impression d'être un vrai bébé et j'ai eu honte d'affronter les filles et le reste de la famille le lendemain, mais ma mère ne m'en a jamais voulu. Elle a toujours fait preuve d'un amour et d'une compassion sans bornes pour moi, ainsi que de compréhension à l'égard de mes peurs et de mon insécurité.

J'ai toutefois commencé à acquérir un peu plus d'indépendance. J'ai voyagé à Banska Bystrica avec la cousine germaine de mon père, Sida Seltzer. Elle avait deux fils, Pista et Peter, et m'a invitée à leur rendre visite. J'ai passé un merveilleux moment, très mouvementé, avec mes cousins très espiègles. Ils s'attiraient toujours des ennuis, et leur mère, qui était très stricte, passait son temps à crier après eux. Je trouvais cela drôle puisque je n'étais pas la cible de son courroux.

La vie relativement protégée et insouciante que je menais à Brno s'est poursuivie pendant les vacances que nous avons passées à la campagne. Je me souviens en particulier de deux étés – le premier à Pavlov, un petit village dans la région centrale de Bohême, non loin de Prague, et le second, en 1948, à Konešín, dans la région montagneuse de Harvikovické, à environ 6 kilomètres de Brno. Deux familles se sont jointes à nous au cours de ces vacances, la famille Kadlec et les Hanak. La famille Hanak, qui n'était pas juive, avait deux fils un peu plus âgés que moi, Rudy et Karl. Mon père s'est lié d'amitié avec Monsieur Hanak, une amitié qui s'est poursuivie par un échange de correspondance même après notre départ de Tchécoslovaquie. Durant cette période, mon père a essayé de s'assimiler à la société tchèque, tout en conservant son identité juive; même ma mère, qui venait d'une famille strictement orthodoxe, a changé. Elle n'utilisait plus les deux services qu'imposaient les prescriptions alimentaires kasher – l'un pour le lait et l'autre pour la viande. Il était désormais impossible de se procurer de la viande kasher, aussi mangions-nous *teréfah* (de façon rituellement impropre), mais nous n'avions jamais de porc à la maison. Par la suite, au Canada, ma mère a recommencé à acheter de la viande kasher lorsqu'elle a pu s'en procurer.

Je m'amusais beaucoup pendant ces étés merveilleux. J'étais débarrassée de l'école et, comme mon père devait s'occuper de ses affaires à Brno, ma chère mère était tout entière à moi. J'aimais la tranquillité de la campagne. À Pavlov, je me suis liée d'amitié avec une petite paysanne, une voisine, avec laquelle j'ai joué à la poupée ainsi qu'avec d'autres jouets pendant des heures. Nous faisions passer le temps sous un vieil arbre qui nous abritait, et dont le tronc et les branches offraient des possibilités infinies à l'imagination. Nous courions et jouions dans les champs, tandis que ma mère s'adonnait à son amour de la lecture. Mais les visites de mon père étaient éprouvantes. Il arrivait en bus le week-end, fatigué et tendu après un voyage de 55 kilomètres depuis Brno. Une fois, un ami l'a ramené en moto. Les voitures étaient rares et les motos étaient un moyen de transport répandu. Toutefois, gravir et redescendre les montagnes à toute vitesse était plus que ce à quoi s'attendait mon père. Je me souviens l'avoir entendu raconter son voyage à plus d'une reprise : « Nous étions trois à voyager sur une seule moto : le troisième était le Seigneur qui a pris soin de nous. »

Rudy, Karl et moi nous amusions à nager dans la petite rivière qui courait à travers Pavlov. À cette époque-là, on ne se souciait pas de la pollution. Nous sautions du haut d'un petit pont dans l'eau fraîche et nous nagions jusqu'au milieu de la ville tranquille.

L'été suivant, à Konešín, nous avons loué une pièce dans une grande ferme. Cette fois-ci, outre les fils Hanak, le petit Jiří Kadlec m'accompagnait fréquemment. Nous avions pris pension et je me souviens que ma mère s'inquiétait de ce que les assiettes n'étaient pas assez propres. Les locataires avaient l'habitude de s'atteler à la vaisselle après le repas, mais ma mère a pris la relève pour garantir une bonne hygiène.

Ma cousine Eva est venue nous rejoindre de Nitra pour deux semaines lorsque son père et sa nouvelle femme sont partis en lune de miel. Elle a apporté des tablettes de chocolat – un luxe très rare à cette époque. Ma mère distribuait ces gâteries parcimonieusement de manière à conserver et à déguster ce plaisir inaccoutumé.

J'avais 10 ans lorsque Karl, le plus âgé des deux fils Hanak m'a expliqué que les bébés ne naissaient pas dans les choux. Comme nous étions naïfs et innocents en ce temps-là ! Je ne l'ai pas cru et j'ai pensé qu'il était ridicule. En fait, il a été mon premier « petit ami ». Il me complimentait sur mon aspect et se montrait très attentif avec moi. Son plus jeune frère, Rudy, qui n'était pas trop un homme à femmes, essayait de l'imiter en faisant la cour à Eva. Il y avait une grande grange remplie de foin dans la cour de la ferme. Nous grimpions tous quatre au grenier sur une longue échelle et nous nous laissions tomber sur les balles de foin. Quel amusement insouciant ! Avec nos parents, nous faisions également de longues randonnées à travers les champs de blé pour atteindre le lac auprès duquel nous pique-niquions, nagions et bâtissions des châteaux de sable.

C'était une époque idyllique, excepté les nuits, épouvantables. Une fois les enfants couchés, les parents se réunissaient pour jouer aux cartes. La nuit, alors que j'étais allongée seule dans mon lit, les aboiements des chiens de Konešín me terrifiaient. J'appréhendais le noir et ces bruits aigus et menaçants. Même si j'étais une grande fille de 10 ans, ma mère restait avec moi, me tenant tendrement la main, jusqu'à ce que le sommeil m'emporte, m'affirmant qu'elle n'aimait pas jouer aux cartes. Ma mère m'a sauvé la vie sur le plan émotionnel. Elle était toujours là pour moi, à me prodiguer son affection et son attention, tout en me rassurant de sa présence physique.

# Le départ d'Europe

Au cours des années de l'immédiat après-guerre, notre vie à Brno s'est poursuivie de façon active et, en ce qui me concerne, agréablement. Le dimanche, durant l'année scolaire, nous partions souvent en excursion hors de la ville en prenant le train pour nous rendre à la campagne. Nous faisions ces excursions (*vilet*) en compagnie de plusieurs autres familles et de leurs enfants. Hormis notre voisin, Gerti Kadlec, nos compagnons de voyage n'étaient pas juifs, mais c'étaient des gens sympathiques et bons avec lesquels nous sommes par la suite restés en correspondance. Je me souviens en particulier de la famille Komarec. Ils avaient une fille tout à fait adorable qui devait avoir une vingtaine d'années à l'époque. Elle avait un petit ami juif, un jeune homme un peu plus âgé qu'elle et très beau. Bien qu'elle soit amoureuse de lui, ses parents se montraient sceptiques : « Il ne l'épousera jamais. Les Juifs restent fidèles à leurs origines. » Ils disaient sans doute vrai car, quelle qu'en soit la raison, ils ont fini par rompre.

Nous avons pleinement profité de la richesse de la vie culturelle qui a repris à Brno après la guerre. Nous allions au théâtre, aux spectacles de marionnettes et à l'opéra – ce que je détestais du fait que je ne comprenais pas les paroles et que cela me semblait terriblement long et ennuyeux. Je prenais également des leçons de piano et ma mère m'emmenait nager à la plage publique de Brno. Je me souviens que je faisais des longueurs sous sa surveillance. Elle apportait des sandwichs et des en-cas, et j'attendais ces sorties avec impatience.

Même si je ne m'en suis pas rendu compte, la Tchécoslovaquie était agitée et les événements ont atteint un point critique le 10 mars 1948 avec le soi-disant suicide de Jan Masaryk, le défenseur de la démocratie et des droits de l'homme. Jan Masaryk était le fils de Tomáš G. Masaryk, le bien-aimé premier président de la Tchécoslovaquie, qui avait étudié en Amérique. Jan Masaryk avait déjà derrière lui une carrière politique éminente. Durant la Deuxième Guerre mondiale, il avait été ministre des Affaires étrangères du gouvernement tchécoslovaque en exil en Grande-Bretagne, que présidait Edvard Beneš. Il avait soutenu une politique de coopération avec l'Union soviétique, ainsi qu'avec les puissances occidentales. Masaryk a conservé son poste une fois que son gouvernement est retourné à Prague en 1945 et il y est demeuré après le coup d'État communiste de février 1948. À peine un mois plus tard, en mars, on a retrouvé Jan Masaryk mort, dans la cour de sa maison. Sa mort a été officiellement attribuée à un suicide, mais il était évident que Masaryk, qui n'avait aucune raison de se donner la mort, avait été défenestré. Son décès a été pour nous le signal de nouveaux bouleversements et d'un accroissement du climat d'insécurité.

Peu après, le Parti communiste a pris le contrôle du gouvernement tchèque avec l'appui de Moscou, ce qui a eu des conséquences désastreuses. Toutes les entreprises privées ont été saisies et « nationalisées ». Les efforts considérables qu'avait accomplis mon père pour se redresser économiquement ont été réduits à néant. Mes parents ont tout perdu – tous leurs biens ont été confisqués de force par le gouvernement communiste. C'en était trop. Mon père voulait partir, mais où aller ? Le nouvel État d'Israël accueillait à bras ouverts tous les réfugiés juifs, et mes parents ont décidé de partir vers notre patrie spirituelle. Pourtant, ils étaient inquiets. Comment un fourreur pourrait-il gagner sa vie dans un pays chaud et dans un nouvel État économiquement sous tension ? Mon père aurait à mener une vie de chien pour s'assurer d'un gagne-pain en Israël. Ils ont néanmoins emballé les biens que nous possédions dans un « conteneur » (une grande caisse de bois de la taille d'une petite pièce), y compris notre piano, la bicyclette de mon père et tous nos meubles, et ils les ont expédiés en *Erets Israël*, en terre d'Israël.

Mais au tout dernier moment, mes parents ont modifié leurs projets. Ma tante Hedvig, la sœur aînée de mon père, avait survécu à Auschwitz et avait été admise au Canada en tant que personne déplacée. À la toute dernière minute, elle nous a parrainés et nous a fait parvenir une déclaration écrite sous serment nous permettant d'entrer dans ce pays de glace et de neige – un lieu beaucoup plus prometteur pour le métier de fourreur, le seul que mon père connaissait pour gagner sa vie. Mes parents ont donné tous leurs biens à Willy, le cousin de ma mère qui vivait à Tel Aviv, car cela ne valait pas la peine d'expédier le conteneur par bateau au Canada. Le prix du transport aurait été supérieur à celui du contenu lui-même. En octobre 1949, nous avons quitté la Tchécoslovaquie sans rien et nous sommes partis pour le grand nord enneigé.

Nous avons d'abord voyagé en train jusqu'au port du Havre, en France, où nous avons embarqué sur le *Samaria*, un paquebot de grande ligne. Le *Samaria* était un très beau bateau avec des boiseries sombres et de belles finitions de cuivre. Toutefois, nous étions pour notre part en seconde classe. Ma mère et moi partagions une cabine et mon père était dans une autre partie du bateau avec les réfugiés de sexe masculin. Notre voyage à travers l'océan Atlantique démonté s'est effectué en octobre, et tout ce dont je me souviens, c'est qu'il a été terrifiant et très difficile. Je ne pensais pas que nous survivrions. Pris dans des vagues hautes comme des montagnes, le paquebot tanguait et roulait comme un jouet. À cause du temps orageux, nous portions la plupart du temps des gilets de sauvetage. Je souffrais atrocement du mal de mer. J'ai fêté mes 12 ans sur le bateau. En guise de cadeau, je n'ai demandé qu'une demi-douzaine d'oranges, fruit que nous ne pouvions ni nous procurer ni nous offrir dans la Tchécoslovaquie d'après-guerre. Cependant, je passais la plupart du temps au lit dans notre petite cabine qui craquait de toutes parts, secouée par les vagues. Lorsque nous avons réussi à visiter la superbe salle à manger, décorée de magnifiques lustres et d'opulentes chaises recouvertes de velours, les meubles glissaient d'un bout de la pièce à l'autre. Il était impossible de s'asseoir pour déjeuner, quand bien même l'aurions-nous voulu.

Nous avons navigué pendant dix jours. Lorsque nous avons enfin aperçu la terre avec deux jours de retard par rapport au calendrier prévu, je n'arrivais pas à y croire. Dans très peu de temps, nous allions arriver à Québec ! Nous avons tous poussé des hourras lorsque nous avons aperçu au loin les plaines d'Abraham qui nous rapprochaient de ce qui allait devenir notre nouveau foyer.

Lorsque le *Samaria* a enfin été amarré dans le port de Québec, on nous a fait pénétrer dans une vaste aire d'attente. Des dames de la Société d'assistance aux immigrants juifs (JIAS) étaient là pour nous accueillir, ainsi que les quelques autres familles juives à bord, avec des sandwichs, des boissons chaudes et des fruits. J'ai goûté à ma première banane lors de cette réception d'accueil sur le sol canadien.

Après une brève halte dans la ville de Québec où sévissait un froid terrible (un avantage considérable aux yeux d'un fourreur), nous sommes montés à bord d'un train pour le trajet de quatre heures qui nous séparait de Montréal. En regardant par la fenêtre de notre wagon, j'ai vu défiler à toute allure le paysage plat et glacé, et j'étais dans l'expectative. Après la guerre en Tchécoslovaquie, j'avais aimé voir les films hollywoodiens. Ils avaient façonné la vision que je me faisais de l'Amérique du Nord que j'imaginais aussi éblouissante et féerique que dans les films que j'avais tant appréciés. *National Velvet* (Le Grand National) avec Elizabeth Taylor, *The Adventures of Robin Hood* (Les Aventures de Robin des Bois) avec Errol Flynn et Olivia de Havilland, et les films comiques de Charlie Chaplin comme *The Great Dictator* (Le Dictateur), étaient quelques-uns de mes préférés.

Tous les camarades que je laissais derrière moi en Tchécoslovaquie m'enviaient parce que je m'en allais vivre sur le continent magique de la patineuse Sonja Henie et de l'adorable Shirley Temple. J'étais absolument persuadée que les rues de Montréal ressembleraient aux plateaux de cinéma hollywoodiens.

Quelle a été ma déception à notre arrivée à Montréal, la ville qui serait la mienne pour le restant de mes jours ! Au plus profond de l'hiver, elle m'est apparue glaciale et inhospitalière.

Nous sommes arrivés épuisés et incertains quant à notre avenir. Quel genre de vie nous attendait ? Comment nous y ferions-nous ?

Mon père a estimé que nous avions de la chance car les premiers jours, son ami, Monsieur Vladar, nous a offert l'hospitalité dans l'appartement de la rue Clark qu'il occupait avec sa famille. On ne pouvait imaginer un cadre moins conforme aux images de Hollywood : des escaliers en bois, qui tenaient plus de l'échelle et qui étaient recouverts de glace et de neige, s'élevaient en spirale sur les trois étages de l'immeuble. La maison semblait petite, sombre, vieillotte. Heureusement, nous n'y sommes restés que quelques jours.

Tante Hedvig avait loué deux pièces à notre intention à un aimable couple juif, monsieur et madame Holtzman, qui vivaient dans un spacieux appartement de la rue Hutchison. Leurs deux enfants étant mariés, ils avaient beaucoup de place. C'était là un choix très avisé en ce qui nous concernait, car les Holtzman nous ont aidés à apprendre, presque par osmose, le mode de vie juif-canadien. Leur maison était très bien aménagée, avec des meubles élégants. Mes parents jouiraient de la chambre sur rue qui avait été celle de leur fille, Maisie. Ma propre chambre, à l'autre bout de l'appartement, avait probablement dû être la chambre de bonne, mais elle était bien assez confortable pour moi. Elle était meublée d'un lit et d'un buffet, ainsi que d'une table à jeux qui me servait de bureau. Du palier de ma chambre, des escaliers menaient à la « remise » – un espace de stockage, situé au rez-de-chaussée. La nuit, une armée de souris montaient depuis la remise et dansaient sous mon lit. Je me souviens des bruits qu'elles faisaient en grattant et en détalant au beau milieu de la nuit.

En dépit des visites nocturnes de ces rongeurs, je me suis sentie bien dans notre nouvelle maison. Les Holtzman étaient aimables et hospitaliers. Lorsque mes parents rentraient du travail, les Holtzman faisaient en sorte de libérer la cuisine afin de préserver notre intimité. Ils nous faisaient même participer aux célébrations festives de leur grande famille élargie. À l'occasion d'un repas lors des grandes fêtes dans la vaste salle à manger des Holtzman, je me souviens avoir été assise à côté du frère de madame Holtzman, qui était avocat. Il m'a dit que j'avais un « teint d'Anglaise », un compliment auquel j'ai attaché une grande valeur.

Bien des défis m'attendaient dans ma nouvelle patrie. Le plus important était d'aller à l'école et de bien m'y intégrer. Quelques jours après notre installation dans notre maison de la rue Hutchison, ma mère et moi nous sommes rendues à l'école Alfred Joyce, située au coin de notre rue. Nous sommes entrées par le grand portail et nous nous sommes dirigées vers le bureau du principal où monsieur Samson, un homme distingué, s'apercevant que nous ne parlions pas anglais, a immédiatement appelé une interprète. Mona, une élève de 7e année (secondaire 1) aux cheveux blonds et aux yeux bleus, est alors apparue dans le bureau pour traduire consciencieusement en yiddish les questions rudimentaires que monsieur Samson posait : « Comment t'appelles-tu ? », « Quel âge as-tu ? », « Où habites-tu ? », a-t-il demandé. Nous ne parlions pas yiddish, mais ces questions étaient suffisamment faciles pour que je puisse les comprendre en anglais. Nous n'en avons pas moins suivi la traduction soignée de Mona en yiddish.

La classe de 5e année dans laquelle j'ai été reléguée était entièrement composée de filles, il n'y avait pas de classe mixte dans cette école. Ma maîtresse, mademoiselle Langmour, ainsi que ses élèves, ont été on ne peut plus accueillantes et amicales. De fait, Marilyn Feldstein, avec laquelle je suis restée amie toute ma vie, était une camarade de classe qui habitait fort à propos à quelques maisons de la mienne, rue Hutchison. Lorsque je suis passée en 6e année ma professeure madame McKenzie, une femme pleine de bon sens, sévère mais équitable, a suggéré que je saute une classe et que j'entre directement en 7e année (secondaire 1). Cela m'a certes encouragée mais, lorsque je suis arrivée à la très grande et impersonnelle Strathcona Academy, je me suis sentie complètement perdue et isolée. Pire encore, il n'y avait pas de cantine et je devais parcourir un long trajet pour rentrer déjeuner à la maison et y retourner ensuite pour les cours de l'après-midi. Cette année-là, j'ai été souvent grippée et j'ai souffert pendant ma scolarité, dans tous les sens du terme.

Au cours de ces premières années, notre propriétaire, madame Holtzmann, s'est montrée particulièrement chaleureuse, gentille et attentionnée à mon égard. Mes deux parents travaillaient de longues heures dans des entreprises de fourrures – ils faisaient un travail manuel difficile auquel ni l'un ni l'autre n'était habitué – et je me retrouvais souvent seule à la maison. Un jour, madame Holtzman m'a invitée à déjeuner dans l'élégant restaurant du neuvième étage du centre Eaton, et après le déjeuner, nous sommes allées voir *Cendrillon*, le dessin animé de Walt Disney. Aujourd'hui encore, je me souviens de cette merveilleuse journée en compagnie de notre logeuse pleine de prévenances. Je me souviens que j'ai été choquée quand j'ai appris que madame Holtzman ne savait ni lire ni écrire. Elle était si intelligente et raffinée que je n'avais jamais deviné qu'elle était analphabète, à ceci près qu'elle me demandait de lui lire les lettres que lui envoyait sa fille Maisie, qui vivait à Yarmouth en Nouvelle-Écosse. Trop honteuse de ne pas savoir lire, elle me disait qu'elle avait une mauvaise vue.

La vie n'était pas facile, en particulier pour mes parents. Alors qu'ils n'étaient plus jeunes (ma mère avait 42 ans et mon père en avait 54 lorsque nous sommes arrivés au Canada), ils ont été contraints de prendre les emplois qui étaient disponibles. Mon père était constamment debout lorsqu'il façonnait et étirait les fourrures et les peaux sur une grande table. À l'aide d'un marteau, il clouait les fourrures par leurs bords et les étirait en les aplanissant autant que possible. Le soir, il rentrait à la maison fourbu, avec de terribles douleurs aux jambes et aux pieds. Ma mère travaillait comme finisseuse dans une usine de fourrures où elle posait les doublures des manteaux. Après une longue journée de travail, elle passait à l'épicerie, préparait le dîner ainsi que les sandwichs pour notre déjeuner du lendemain à tous trois, faisait la vaisselle et trouvait encore le temps de me faire faire ma dictée.

Je me faisais du souci pour mes parents. Je les attendais au cours de ces sombres soirées d'hiver lorsqu'ils rentraient tard à la maison. Je me souviens que je chauffais leurs pantoufles en les plaçant sous les radiateurs en sorte qu'ils puissent se réchauffer les pieds confortablement à leur retour. Ma pauvre mère a perdu presque tous ses cheveux à cette époque, sans doute à cause du surmenage. Par la suite, ses cheveux ont repoussé, d'un magnifique gris argenté. En dépit du stress et des difficultés que mes deux parents ont connus, ils aimaient intensément le Canada. « Je me suis toujours plu ici », tel était le refrain que répétait ma mère. Sachant combien elle avait connu une vie difficile, je lui demandais :

« Pourquoi aimes-tu tant le Canada ?

– La liberté ! La démocratie ! Et l'indépendance !

Et elle ajoutait avec un sourire :

– J'apprécie de pouvoir gagner ma vie. »

# Les chemins de la vie

Mes parents ont travaillé dur pour bâtir notre vie au Canada. Mon père était un homme très entreprenant et il lui était difficile d'être employé par quelqu'un d'autre dans une usine. Déterminé à monter sa propre entreprise, il s'est associé à un tailleur tchèque, monsieur Janovic, qui possédait un magasin de retouches et de transformations sur l'avenue Bernard. Mon père lui a loué la moitié de sa boutique pour retoucher et transformer les manteaux de fourrure. Une fois sa clientèle constituée et fidélisée, mon père a emménagé dans sa propre boutique sur l'avenue Laurier – c'était avant que celle-ci ne devienne une rue à la mode. Ma mère aspirait à avoir un logement à elle. En 1954, après avoir vécu cinq ans chez les Holtzman, mes parents ont décidé de louer leur propre appartement dans un duplex, rue de la Peltrie.

À cause du loyer à payer, mes parents avaient du mal à joindre les deux bouts, aussi mon père a-t-il renoncé à son magasin et aménagé notre sous-sol pour y mettre son atelier. Il recevait ses clients sur rendez-vous à l'étage. Ma mère a abandonné son emploi à l'usine et a commencé à travailler à plein temps pour mon père à la maison, ajustant et terminant les doublures des manteaux de fourrure. Ils travaillaient tous deux beaucoup, mais ils étaient heureux. Ils avaient leur propre petite affaire et surtout, ils étaient indépendants, sans patron auquel rendre des comptes. Cette indépendance leur était très précieuse.

Dans l'industrie de la fourrure, il y a deux périodes très chargées dans l'année : avant l'hiver, lorsque les clients arrivent avec leurs manteaux, leurs vestes et leurs étoles à retoucher et à transformer; et après la saison d'hiver, lorsque les manteaux doivent être amenés à l'entrepôt. Mes parents avaient des clients très différents : des Canadiens-Français, des Anglais protestants et des Juifs. Ils leur fixaient des rendez-vous pour des essayages et établissaient un devis du travail à faire. Mon père excellait en matière de relations publiques et savait toujours échanger quelques propos affables avec ses clients. Je me souviens de la manière dont les clients se tenaient devant le miroir de l'entrée tandis que mes parents ajustaient les manteaux lors des essayages. Ils avaient bien sûr une plus grande marge de bénéfice lorsqu'un client commandait un manteau neuf, mais de tels achats étaient rares. Lors de ces périodes surchargées de l'année, je restais à l'écart, confinée dans ma chambre ou à la cuisine. Ces visites de clients n'empiétaient pas sur ma vie, mais j'étais sensible à l'état de tension générale qui régnait chez nous du fait que mes parents travaillaient si dur pour respecter les délais durant la haute saison. À la fin de l'hiver, mon père téléphonait à ses clients et allait en personne récupérer leurs manteaux de fourrure pour les faire remiser à l'entrepôt. Comme nous n'avions pas de voiture, il se rendait chez eux à pied, en autobus ou en tramway, portant leurs vêtements dans de grandes housses de plastique. À l'approche de l'hiver, il les leur ramenait.

Il y avait une cliente en particulier, mademoiselle Martineau, avec laquelle mes parents étaient très liés d'amitié. À Noël, elle arrivait à la maison avec des cadeaux attentionnés, et même avec quelque chose pour moi. Je me souviens des poupées et des menus présents magnifiquement emballés qu'elle nous apportait. Pourtant, un jour, elle a dit quelque chose qui a beaucoup contrarié mon père. Il avait fait une remarque selon laquelle il ne fallait pas juger les gens ou les nations en bloc, mais plutôt considérer les individus en fonction de leurs propres mérites. Ignorant nos origines, mademoiselle Martineau avait répondu : « Sauf en ce qui concerne les Juifs. Ils incarnent le mal et il ne faut se fier à aucun d'entre eux. » Mon père a été trop choqué pour répliquer sur le coup, aussi n'a-t-il rien dit. Mais quand mademoiselle Martineau est partie, il m'a demandé de lui écrire une lettre. Entre temps, j'avais beaucoup progressé en anglais. Dans cette lettre, il lui expliquait qu'il ne pouvait plus travailler pour elle parce que lui aussi était un Juif. Et il terminait sa lettre sur une déclaration bien sentie dont je me souviens distinctement : « J'aimerais vous faire remarquer que Jésus lui aussi était un Juif. » En fait, mademoiselle Martineau lui a fait ses excuses, et elle et sa famille ont continué à recourir aux services de mon père.

Même si nous nous adaptions bien à la vie canadienne, il y avait encore des incidents qui nous ramenaient à notre passé. Le week-end, nous nous promenions longuement dans les rues avoisinantes. L'avenue du Parc était une destination en vogue où il nous arrivait souvent de rencontrer des connaissances, des immigrants comme nous, qui sortaient faire une petite promenade. Mon père portait un long manteau de cuir comme c'était la mode en Europe à l'époque. Un samedi, un homme profondément troublé – manifestement un survivant des camps de concentration – a accosté mon père, qui était grand avec les yeux bleus et les cheveux clairs, en criant avec colère : « Je vous reconnais, vous étiez au camp ! Vous faisiez partie des officiers SS et je vais vous dénoncer ! » Nous étions interloqués. Mon père, toujours prompt à la riposte, lui a lancé : « Je suis un sale Juif, tout comme toi. » La plupart des survivants vivaient au quotidien avec de tels stéréotypes. Nous avions tour à tour de la honte et de la fierté à être juifs. Nous étions extrêmement sensibles à tout commentaire malveillant ou toute apparence d'antisémitisme. Nous partagions des sentiments d'infériorité et d'insécurité concernant notre identité. Nous nous sentions vulnérables, différents et à part, et pourtant fiers des Juifs et d'Israël. Le fait d'être juifs a toujours influencé nos perceptions.

En ce qui me concerne, je concentrais tous mes efforts sur mes études. Je désirais ardemment réussir à l'école. J'étais un « hybride social », un pied dans mon passé européen et l'autre, manquant d'assurance, dans ma nouvelle patrie. Me sentant perdue et mal à l'aise, je me plongeais dans mes études. Ma mère n'a jamais voulu que je participe aux corvées ménagères et elle m'encourageait au contraire à faire mon travail scolaire. « As-tu fini tes devoirs ? », me demandait-elle souvent gentiment, ce qui avait le don de m'irriter, mais cela m'incitait à me concentrer sur mes études.

Lorsque nous avons déménagé de la rue Hutchison à la rue de la Peltrie, j'ai changé d'établissement et je suis entrée à la Montreal High School for Girls (l'école secondaire pour filles de Montréal). Mes matières préférées étaient la littérature anglaise et la rédaction. Inspirée par ma merveilleuse professeure, mademoiselle Barrington, j'aimais tout particulièrement la littérature nord-américaine. Plus tard, alors que j'étais en 10e année (secondaire 4), et au Canada depuis quatre ans, j'ai écrit une rédaction où j'exprimais ma nostalgie pour une époque et un lieu que j'avais connus et dont je me rappelais avec tendresse : Brno (à l'époque, je l'appelais « Brünn », de son nom international, d'origine allemande). Ma professeure de 10e année, mademoiselle Hutchison, l'a lue à la classe, ce qui m'a remplie de fierté. Ma rédaction, intitulée « Souvenirs », décrivait les caractéristiques de Brno – ses marchés en plein air, ses rues élégantes, ses parcs et ses places, son architecture majestueuse, la forteresse du Spielberg, la gare de chemin de fer animée et les tendres souvenirs que j'avais gardés de mon école et de mes camarades de classe. Je terminais ma rédaction sur ces mots :

*L'an prochain je vais devenir citoyenne canadienne. Je me suis fait de nouveaux amis, et j'ai appris à aimer et à apprécier le Canada et ce qu'il offre. Mais je n'oublierai jamais Brünn.*

Il y a évidemment bien d'autres choses que je n'oublierai jamais et que je n'ai pas mentionnées dans ma rédaction du secondaire. C'est maintenant, alors que je relate mes expériences de temps de guerre, que je prends pleinement conscience qu'elles ne s'effaceront jamais. Elles font partie intégrante de qui je suis. Les émotions et les sentiments sont des rappels intangibles.

Mes parents ont été si fiers lors de ma graduation, lorsque j'ai terminé première de ma classe et seconde de l'école. Ma mère n'avait jamais pu réaliser son rêve, devenir professeure, et j'ai été satisfaite qu'elle puisse combler ses vœux par mon intermédiaire. J'ai reçu une bourse pour étudier au Collège Macdonald à Sainte-Anne-de-Bellevue.

Pendant ce temps, mes parents ont dû affronter bien des obstacles et lutter pour gagner leur vie et pour s'établir fourreurs. En 1955, mon père a eu une crise cardiaque, la première d'une série. Heureusement, il s'est rétabli et a pu reprendre son travail et ses activités habituelles. Un an plus tard, ma mère, à son tour, a été frappée par un terrible coup. Un jour, nous étions invités à dîner chez les Holtzman. À l'époque, j'étais en pension au Collège, à environ 40 kilomètres de Montréal. Mon amie Marilyn était venue avec moi et nous devions y retrouver mes parents. Ne les voyant pas arriver, nous avons commencé à nous inquiéter. La sonnerie du terrible coup de téléphone a retenti : ma mère avait été renversée sur la route par une voiture roulant à grande vitesse, conduite par un chauffeur ivre. On l'avait amenée en ambulance au Centre hospitalier de St. Mary.

Marilyn m'a accompagnée à l'hôpital, et nous avons passé la nuit à attendre avec mon père. En voyant le manteau de fourrure déchiré de ma mère et son petit chapeau taché de sang, je me suis sentie au bord du désespoir. Elle a bien failli mourir de ses blessures. Son bassin était fracturé en neuf endroits.

Chaque week-end, j'accomplissais le voyage depuis le Collège Macdonald pour aller rendre visite à ma mère. Elle était suspendue à une sangle, immobile, afin que ses os puissent fusionner et se réparer. Elle est restée six longs mois dans la sangle sans bouger. Elle souffrait terriblement. Elle m'a dit à plusieurs reprises combien elle aimait la morphine qu'on lui donnait pour soulager ses douleurs. Les médecins l'ont progressivement sevrée du narcotique, pour qu'elle n'en devienne pas dépendante. Lorsqu'elle est finalement rentrée à la maison, elle a dû complètement réapprendre à marcher. Il lui a fallu longtemps avant de pouvoir lever les jambes ou monter les escaliers jusqu'au second étage du duplex. En rentrant de l'hôpital, ma mère a également sombré dans la dépression. Ce n'était pas étonnant ! Son corps avait été fracassé et elle pouvait à peine bouger. Elle pleurait souvent, sans pouvoir s'arrêter. La voir souffrir physiquement et psychologiquement était pénible. Mon père faisait de son mieux pendant que j'étais au Collège. Il faisait les courses, et même la cuisine, jusqu'au moment où elle est parvenue à s'extraire de cette tristesse. Elle s'est imposée de remarcher, faisant quotidiennement ses exercices pendant une heure jusqu'à ce qu'elle puisse reprendre toutes ses anciennes activités.

~

En 1957, alors que j'avais 20 ans et que j'étais toujours étudiante au Collège Macdonald, j'ai rencontré mon mari, Herbert Marx, à qui une amie m'a présentée lors d'une sortie. Deux ans plus tard, en décembre 1959, nous nous sommes mariés. Mes deux parents ont beaucoup apprécié Herbert, et de son côté, il s'est extrêmement bien entendu avec eux. Nous avons même passé des vacances ensemble pendant de nombreux étés au Cap Cod et dans les Cantons de l'Est.

Mon père est mort en 1972, à l'âge de 76 ans, d'une maladie cardiaque. Il a eu le temps de connaître ses deux petits-enfants : notre fils, Robert, qui est né en 1965, et notre fille, Sarah, née en 1970. C'était un *zeydè* (grand-père) très fier et affectueux, un homme dévoué, fidèle à sa famille et droit tant en affaires que dans sa vie privée. Je n'étais pas aussi proche de lui que de ma mère et nous n'étions pas toujours d'accord. Mais en dépit de nos différends et de nos disputes, je l'aimais. Avec le temps, j'ai été capable de surmonter nos dissensions et nous avons entretenu une relation profonde et amicale. Il adorait voyager et lorsqu'ils ont enfin pu se le permettre, il est allé avec ma mère en Europe, en Israël, et il a voyagé à l'intérieur du Canada.

Notre petite famille a eu la chance de conserver ma mère jusqu'à sa quatre-vingt-quinzième année. Veuve depuis trente et un ans, elle faisait partie intégrante de notre famille nucléaire. Elle a vécu seule après la mort de mon père, s'occupant de son charmant appartement qui était d'une propreté impeccable. Elle nous invitait chaque samedi soir à dîner jusqu'au moment où, approchant des 80 ans, cela a été trop pour elle : « Je rends mon tablier », nous a-t-elle déclaré.

Ma mère s'est inscrite à l'association du troisième âge, où elle a rencontré de nouveaux amis et suivi des cours de français. Elle a continué à étudier le français lorsqu'elle nous a accompagnés en France durant l'année sabbatique de mon mari, en 1977. Nous avons vécu à Aix-en-Provence, une ville magnifique où nous avons loué un appartement pendant dix mois. Elle partageait la chambre de notre fils Robbie, qui avait 12 ans à l'époque. Il se préparait à sa *bar mitsvah*, qui devait avoir lieu en mai de cette année-là, au Mur occidental (dit « des Lamentations ») de Jérusalem. Elle l'a aidé avec zèle à répéter le passage de la Torah qu'il allait lire à haute voix pour sa *bar mitsvah*. Bien qu'elle se soit beaucoup ennuyée cette année en France, car nous étions tous très occupés par nos propres activités et les cours que nous suivions, elle ne s'en est pas moins débrouillée et a essayé d'apprendre la langue. Chose étonnante, elle a réussi à lire tous les livres de Maigret dans l'original, le français, et elle m'a même surprise en commandant pour mon quarantième anniversaire, mon gâteau préféré, un saint-honoré, à la pâtisserie du quartier.

Ma mère nous a beaucoup aidés avec les enfants lorsqu'ils étaient petits. Elle a passé de nombreuses heures au piano, à écouter attentivement notre fille Sarah s'exercer. En fait, elle a participé avec fierté à toutes les activités des enfants. Elle nous a également été d'un grand secours lorsque Robbie est tombé malade. À l'âge de 4 ans, des marques rouges sont apparues sur ses bras et ses jambes. Pensant qu'il s'agissait d'une allergie, je l'ai emmené chez notre pédiatre qui l'a hospitalisé sur-le-champ. Finalement, on a diagnostiqué un PTT, c'est-à-dire un purpura thrombotique thrombocytopénique, ce qui signifie un « saignement sous la peau ». Le choc a été terrible pour nous. On a placé Robbie sous traitement de cortisone à haute dose, et il n'a plus eu le droit de jouer au parc ni de fréquenter la maternelle.

À la maison, nous avons couvert tous les angles saillants des meubles avec d'épaisses serviettes et des couvertures de manière à ce que Robbie ne se blesse pas. Suite au traitement à la cortisone, son corps et son visage ont gonflé. Nous devions faire contrôler chaque semaine son taux de plaquettes, lequel n'augmentait pas. Les médecins ont envisagé une ablation de la rate afin d'améliorer son état. Je me sentais désespérée et désemparée. De son côté, ma mère avait entendu parler d'un cas semblable où on avait pu aider un enfant en lui faisant boire quotidiennement du jus de citron frais. J'étais prête à essayer n'importe quoi, aussi ai-je commencé à presser du jus de citron en y ajoutant du jus d'orange frais et du sucre pour que le breuvage ait un goût plus agréable. Lorsque nous sommes allés la semaine suivante faire contrôler les plaquettes de Robbie, elles avaient augmenté de façon spectaculaire. Notre médecin, qui était très sceptique à propos de ce « traitement » nous a suggéré de donner des comprimés de vitamine C à Robbie, ou même du jus d'orange en boîte dans le souci de m'épargner du travail. Mais aucun de ces substituts ne donnant le résultat escompté, j'ai continué à lui préparer son « cocktail » de jus de citron jusqu'à ce que, progressivement, ses plaquettes reviennent à la normale. À l'automne, il lui a été possible d'aller au jardin d'enfants. Il a été suivi jusqu'à l'âge de 14 ans, et j'ai continué à lui préparer le cocktail. Si Robbie a eu une enfance normale et mène aujourd'hui une vie d'adulte féconde, tout le mérite en revient aux conseils de ma mère.

La santé de ma mère a fini par se dégrader, et le soir de Noël 2002, j'ai dû composer le numéro d'urgence. Elle avait emménagé avec nous en 1987, après être tombée et s'être cassé la hanche. Alors qu'elle était allongée sur un brancard dans l'ambulance, elle regardait par la fenêtre et n'arrêtait pas de répéter : « J'ai toujours aimé cet endroit. » On a diagnostiqué une insuffisance rénale. Pendant la période où elle ne s'est pas sentie bien, elle n'a pas capitulé. « Je remarcherai », affirmait-elle avec détermination. Lorsqu'elle n'a plus été capable de marcher, elle a annoncé : « C'est la raison pour laquelle j'ai un fauteuil roulant, je vais donc m'en servir. » Or, je savais qu'elle le détestait.

Les derniers jours de ma mère ont été un exemple de courage, de détermination et d'autodiscipline, jusqu'au tout dernier moment. Nous appelions ma mère « Madame Pas-Une-Plainte » tant elle était optimiste. Même lorsqu'elle allait très mal, pliée en deux de douleur, et que nous lui parlions à l'oreille (car elle avait commencé à devenir sourde) pour lui demander comment elle allait, elle nous répondait : « Très bien, merci. » Elle était immanquablement affable et polie, même si elle souffrait d'infirmités très invalidantes.

Le soir, elle faisait ses prières, alors qu'elle avait des difficultés à respirer. Le matin (et même au milieu de la nuit lorsqu'elle se réveillait), elle disait : « Il faut que je prépare la salade ! » car elle avait pour tâche de préparer les légumes de mon mari. À plusieurs reprises dans la journée, elle me mettait au bord des larmes lorsqu'elle disait poliment « Merci » pour le moindre geste de gentillesse ou le moindre service. Même un tapotement sur la main ou un baiser était gratifié d'un « Merci ». Elle me disait souvent : « Je t'ai toujours aimée. » Et, à propos de nos enfants, Robbie et Sarah, elle ajoutait: « J'ai toujours été folle d'eux, je les ai aimés comme si c'était les miens. La seule chose que je n'ai pas faite, c'est de les mettre au monde. » Et lorsque je lui disais que je l'aimais, elle répondait : « Je t'aime moi aussi. »

Ma mère avait l'habitude de dire qu'elle avait appliqué les Dix Commandements, et que c'était là sa recette pour être « une bonne Juive ». Elle portait en permanence une montre (« Nous autres Juifs devons toujours connaître l'heure ! ») Elle résumait ainsi sa philosophie : « Sois bonne et généreuse ! » Tel est l'héritage de notre mère que nous conservons dans nos cœurs.

Lorsque je lui demandais : « Maman, où as-tu mal ? », elle répondait : « Nulle part, c'est juste que j'ai 93 ans », alors qu'elle en avait 95 à l'époque. Toujours réaliste, elle ajoutait : « Je ne suis plus une jeunesse, c'est ça qui me fait mal. » Elle montrait sa tête du doigt en précisant : « Mais là, ça fonctionne. »

Pourtant, le 18 juin 2004, ma mère a dit : « Je ne sais pas où je suis. Cela ne m'est jamais arrivé. » J'en ai eu le cœur brisé. Elle est morte deux jours plus tard. Que sa mémoire soit bénie.

# Épilogue

En 1987, je suis retournée visiter Vráble avec mon mari. La maison de mes grands-parents avec son jardin et sa grille de fer s'y trouvait toujours, mais elle était occupée par des inconnus. Nous avons rendu visite à ma chère Marika et cette réunion a été très émouvante. Même si je ne l'avais pas vue depuis que j'avais quitté la Tchécoslovaquie en 1949, nous avions continué à correspondre avec elle, envoyant des dons en espèces et des photographies. Elle aussi nous écrivait régulièrement, si bien que les nouvelles des uns et des autres étaient à jour. Malheureusement, elle est morte il y a quelques années, mais nous sommes restés en contact avec son neveu, Dusan Piesik, et à chaque Noël, nous envoyons un généreux cadeau pour que son souvenir soit béni.

La famille immédiate de ma mère a péri dans l'Holocauste. Celle de mon père a eu plus de chance. Une exception cependant : ma tante Hedvig qui habitait à Debrecen. C'était la sœur aînée de mon père, et elle ne s'est pas remise du deuil de son mari et de son fils aîné, perdus à Auschwitz. Mais les deux frères et les deux autres sœurs de mon père, leurs familles ainsi que mon grand-père, ont tous survécu à Budapest. Il se peut que des « maisons de sûreté » comme celles qu'avait créées Raoul Wallenberg et d'autres courageux diplomates, les aient aidés à se maintenir en vie. Le frère aîné de mon père, Norbert, veuf, et son fils Pauli, ont emménagé à Paris après la guerre. Le frère de mon père, Erno, sa femme, Ika, et leur fille unique Edith, sont partis en Israël. Bien qu'ils soient désormais tous morts, nous sommes en contact avec leur petite-fille, Uta, son mari Yoav, et leurs trois merveilleux garçons, de même qu'avec le petit-fils d'Erno, Elli, sa femme et leurs trois filles. La sœur aînée de mon père, Marta, et son mari, Aladar, se sont installés à New York avec leurs filles, Erika et Gyorgy. Sa sœur cadette, Blanka, et son mari Joska, ont survécu, ainsi que leur fille, Erzsi Kovacs. Elle est la seule parente qui me reste à Budapest. Erszi s'est mariée avec un non-Juif dont elle a ensuite divorcé et avec lequel elle a eu deux filles, dont l'une a été tragiquement tuée, renversée par une voiture. La cadette, Petra, a deux jeunes enfants, Samu et Lea, avec son compagnon hongrois. Nous leur avons récemment rendu visite à Budapest. Ce sont les derniers membres de notre grande famille à habiter en Hongrie.

La sœur préférée de mon père, Irén, désormais veuve, est partie en Israël avec ses deux garçons, Pityu et Lalli. Nous sommes en contact avec Pityu, le fils aîné, et avec sa femme, Ora, auxquels nous rendons fréquemment visite en Israël, ainsi qu'à la veuve de Lalli, Judith. Lalli a été tué tragiquement dans un accident de motocyclette en Israël, laissant deux enfants, Esther et Josi qui élèvent leurs familles en Israël.

Le cousin de mon père, Nandor, et sa seconde femme, ainsi que ma cousine Eva, sont eux aussi partis en Israël. De leur mariage est issue une fille, Tamar, qui ne s'est pas mariée. Mais Eva est la fière grand-mère de six petits-enfants ! Lorsque nous nous rencontrons toutes deux, nous ne parlons jamais du passé. Sans doute est-il trop douloureux d'évoquer des souvenirs d'enfance qui font mal.

J'avais perdu tout contact avec les deux fils de la cousine de mon père, Sida Seltzer, Pista et Peter, avec lesquels j'étais allée à Banska Bystrica. Il y a cinq ans, j'ai pourtant reçu une lettre de Peter, mon plus jeune cousin. Lui et sa femme, Julia, projetaient de venir en Amérique du Nord, et il demandait s'il pouvait nous rendre visite.

J'en ai été ravie et nous avons rétabli le contact. Mon mari et moi sommes même allés le voir, lui et son frère, chez eux à Zurich, en 2005.

Du côté de ma mère, Miriam *néni* a survécu avec ses deux fils dont l'aîné, Miklos, s'est converti au catholicisme avec sa femme. Il disait en avoir assez des persécutions et des préjugés dont les Juifs étaient victimes, et entendait prendre un nouveau départ dans la vie. Lui et sa femme sont partis au Brésil. Sa mère, Miriam *néni*, est partie avec eux ainsi que son frère cadet, Imre, accompagné de sa femme et de leur fille. Tante Miriam est venue nous voir à deux reprises au Canada. Elle aimait ma mère, et ma mère l'adorait également. L'oncle de ma mère, Matyi, a lui aussi survécu ainsi que sa femme, Elli. Leur fils unique, Tommy, a tragiquement disparu pendant la guerre sans laisser de trace. Il a très vraisemblablement été enlevé puis déporté dans un camp de concentration, comme telle était la terrifiante coutume des SS et de leurs collaborateurs hongrois qui rôdaient dans Budapest. C'est ce genre d'enlèvement que décrit Imre Kertész, l'écrivain juif hongrois lauréat du Prix Nobel, dans son livre *Sorstalanság* (Être sans destin). Tommy était très doué et talentueux, et ses parents l'adoraient. Ils n'avaient jamais renoncé à l'espoir qu'il soit encore en vie quelque part, mais ils ont fini par accepter la terrible vérité. Ils sont partis en Australie et, par la suite, se sentant seuls, ils ont émigré au Brésil, pour rejoindre Miriam à São Paulo. Matyi et Ellis nous ont eux aussi rendu visite au Canada et nous ont apporté deux adorables koalas empaillés, souvenir de leur séjour en Australie.

Oncle Willie et tante Wilma Rosenbaum se sont installés en Autriche avec leurs deux fils. Mon oncle et sa femme s'étaient montrés si gentils à mon égard pendant ma maladie à Budapest durant la guerre ! Les cousins de ma mère, Imre et Willy Rosenbaum, tous deux originaires de Pask, se sont enfuis en Palestine pendant la guerre. Avec l'aide de mes parents, Imre (ou Joshua Ronn, tel est son nom en Israël) est venu au Canada. Quand elle parlait de lui, ma mère disait toujours « mon cousin préféré ». Lui et sa femme Lilly, ainsi que leurs deux enfants, Chaim et Naomi, vivent à Montréal avec leurs familles et nous les voyons fréquemment.

Mon cousin, Tibi Deutsch, n'a jamais pu exorciser les cruelles expériences qu'il avait vécues. Frère cadet de ma tante Hedvig, il n'a pas pu effacer le meurtre horrible de son frère, qui a été tué sous ses yeux, battu à mort par le chef d'équipe brutal du camp de travail forcé allemand où ils se trouvaient. Tibi vit à Los Angeles et est obsédé par ces atroces expériences. Âgé de 78 ans, atteint d'un début de maladie d'Alzheimer, ce sont ces souvenirs qui dominent sa conversation et sa pensée.

Tout au long des années, mes parents se sont efforcés de refouler le passé. Ils ont retroussé leurs manches et ont continué à vivre. Mais les souvenirs ont subsisté à tout jamais. La famille la plus proche et la plus chère de ma mère a péri, et elle n'a jamais cessé de pleurer sa perte. Je me souviens avoir assisté à l'enterrement d'une de nos connaissances avec mes parents alors que j'étais jeune fille. Nous connaissions à peine la personne décédée, mais ma mère était dévorée de chagrin. Lorsque je lui en ai demandé la raison, elle m'a répondu : « Je pleure pour mes parents, pour ma sœur, pour ma famille. Eux n'ont pas de tombes. »

Mes parents possédaient un livre que nous appelions leur « bible » et auquel nous nous référions souvent. Lorsqu'il est tombé en morceaux, je l'ai remplacé par un nouvel exemplaire. C'était *The Rise and Fall of the Third Reich* (Le Troisième Reich, des origines à la chute) de William L. Shirer, un fascinant compte-rendu des événements historiques, qu'ils avaient vécus et endurés en première ligne. Ma mère et mon père en lisaient et relisaient de nombreux passages, revivant d'une certaine manière leurs expériences du temps de la guerre. Ma mère expliquait : « J'ai beaucoup de plaisir à lire comment les Allemands en ont pris plein la figure ! »

J'ai le bonheur d'avoir une famille aimante et d'un grand soutien, et quatre beaux petits-enfants, Ella, Hannah, Harry et David.

Mais aucun de ceux qui ont survécu à l'Holocauste n'en est sorti indemne. Je dois ma vie à mes parents. Ils ont porté le poids de la souffrance et sont les véritables survivants dont les efforts héroïques et courageux m'ont permis de rester en vie. C'est à eux que revient tout le mérite que je sois sortie vivante de la terreur.

# Glossaire

**Administration des Nations unies pour le secours et la réhabilitation** [abréviation : UNRRA] Fondé en 1943 pour venir en aide aux victimes de la Deuxième Guerre mondiale, l'organisme a fourni de la nourriture, des vêtements et des soins médicaux aux victimes de l'Holocauste et aux réfugiés des camps de personnes déplacées.

**Allemands des Sudètes** Désigne les quelque trois millions d'Allemands de souche [*Volksdeutsche*] vivant dans les régions frontalières à l'ouest de la Tchécoslovaquie avant la Seconde Guerre mondiale. *Voir aussi Sudètes.*

**Alliés** Coalition des pays combattant contre l'Allemagne, l'Italie et le Japon (les pays de l'Axe). Au début de la Seconde Guerre mondiale, en septembre 1939, la coalition incluait la France, la Pologne et la Grande-Bretagne. Après l'invasion de la France par l'Allemagne en 1940, et une fois les États-Unis entrés en guerre suite au bombardement de Pearl Harbor par le Japon le 7 décembre 1941, les principaux dirigeants des puissances alliées sont devenus la Grande-Bretagne, l'URSS et les États-Unis. Faisaient également partie de la coalition des Alliés : le Canada, l'Australie, la Tchécoslovaquie, la Grèce, le Mexique, le Brésil, l'Afrique du Sud et la Chine.

**Aryen** Terme anthropologique du XIX^e^ siècle employé à l'origine pour désigner la famille des langues indo-européennes et, par extension, les populations qui les parlaient. Pour les théories qui ont inspiré l'idéologie raciale nazie, il est devenu synonyme des peuples d'origine nordique ou germanique. L'appellation « Aryen » était une catégorie officielle dans les lois raciales nazies désignant une personne de pur sang germanique par opposition aux « non-Aryens » tels que les Slaves, les Juifs, les demi-Juifs, les Rom et les Tsiganes, et autres catégories de souches raciales considérées comme « inférieures ».

**Assimilation** Terme faisant allusion à l'assimilation culturelle et à l'intégration sociale des Juifs dans la culture environnante. Avant le XVIII^e^ siècle, de nombreux pays européens, y compris la Hongrie et la Tchécoslovaquie, ont restreint les lieux de résidence accessibles aux Juifs, les ont exclus de certaines professions, et ont limité leurs possibilités d'accès à l'éducation ainsi qu'à la propriété terrienne. En 1849, de nouvelles lois dans l'Empire austro-hongrois ont autorisé la libre circulation des Juifs de Bohême et de Moravie et, en 1867, les Juifs de Hongrie ont obtenu l'égalité complète. Pour de nombreux Juifs, cette émancipation a entrainé une modernisation des pratiques religieuses et culturelles juives, modifiant les traditions qui avaient trait à la langue, à l'habillement, aux coutumes, aux professions, et à la vie culturelle.

**Auschwitz** [allemand; en polonais: Oświęcim] Ville du sud de la Pologne à environ 40 kilomètres de Cracovie. C'est aussi le nom du plus vaste complexe de camps de concentration nazis construit à proximité. Le complexe d'Auschwitz regroupait trois camps principaux: Auschwitz I, un camp de travaux forcés, construit en mai 1940; Auschwitz-Birkenau, un camp de la mort construit au début de 1942; et Auschwitz-Monowitz, un camp de travaux forcés construit en octobre 1942. C'est à Auschwitz I qu'a été expérimenté en 1941 l'emploi du gaz mortel Zyklon B comme méthode de massacre collectif, méthode qui a été ensuite utilisée à une très large échelle. Le complexe d'Auschwitz a été libéré par l'armée soviétique en janvier 1945.

**Austerlitz, bataille d'** [également désignée sous le nom de Bataille des Trois Empereurs] Bataille française menée par Napoléon Bonaparte contre les armées russe et autrichienne le 2 décembre 1805, à Austerlitz, en Moravie, à 10 kilomètres au sud de Brno. La victoire tactique de la France contre l'armée du tsar Alexandre Ier a été l'une des plus célèbres parmi les guerres napoléoniennes.

***Ave Maria*** [latin; prière également connue sous le nom de « Je vous salue Marie »] Prière catholique traditionnelle qui demande à Marie, mère de Jésus, d'intercéder en faveur du fidèle. On l'utilise à la fois dans la liturgie publique et dans le culte privé où elle fait partie des dévotions du Rosaire. *Voir aussi Rosaire.*

**ÁVO** [en hongrois: *Államvédelmi Osztálya*) Département de Sécurité de l'État. Il s'agit d'une branche de la police secrète soviétique qui a opéré en Hongrie de 1946 à 1956. Elle était brutale, violente et très redoutée. Au cours de la Révolution hongroise de 1956, les rebelles ont cherché à se venger et ont tué de nombreux officiers de l'ÁVO ainsi que des informateurs à leur service.

***Balebosté*** [yiddish] Ménagère dévouée.

**BBC** [Abréviation de *British Broadcasting Corporation*] Service de radiodiffusion britannique. Pendant la Seconde Guerre mondiale, la radio de la BBC émettait des programmes à destination de l'Europe, en allemand ainsi que dans les langues des pays occupés. Certains de ces programmes étaient utilisés par les forces alliées pour envoyer des messages codés aux groupes de résistants. Nombre de personnes dans l'Europe occupée par les nazis écoutaient ces radios illégalement parce qu'elles les considéraient comme les sources d'informations les plus fiables.

**Beneš, Edvard (1884–1948)** Second et quatrième président de Tchécoslovaquie (1935–1938 et 1945–1948). Une fois que l'Allemagne a pris le contrôle d'une partie de la Tchécoslovaquie en 1938, Beneš est parti en Grande-Bretagne où il a formé le gouvernement tchécoslovaque en exil. Après la guerre, Beneš a été rétabli dans ses fonctions de président jusqu'au coup d'état communiste de février 1948. Il a démissionné en juin de cette même année et le dirigeant communiste Klement Gottwald lui a succédé.

**Bergen-Belsen** Camp de concentration installé en 1940 par les nazis et prévu au départ pour les prisonniers de guerre. Après 1943, il détenait également ceux des Juifs qui devaient servir de « monnaie d'échange » et que l'Allemagne espérait utiliser lors des négociations de paix avec les Alliés. Après mars 1944, une partie du camp a été baptisée « camp de convalescence », et un millier de prisonniers trop malades pour travailler y ont été envoyés depuis Mittelbau-Dora et d'autres camps de travaux forcés. Ils n'ont reçu aucun traitement médical et on les a, bien au contraire, laissés mourir de faim et de maladie. Vers la fin de la guerre, des milliers de prisonniers de camps proches des lignes du front (Auschwitz, Mittelbau-Dora et Buchenwald) ont été évacués et leurs prisonniers conduits lors de « marches de la mort » vers Bergen-Belsen. Compte tenu de l'afflux de détenus, les conditions du camp se sont rapidement détériorées, et quelque 35 000 personnes sont mortes entre janvier et avril 1945. Les forces britanniques ont libéré le camp le 15 avril 1945.

***Béryé*** [yiddish] Femme au foyer efficace et compétente.

**Birkenau** [également connu sous le nom d'Auschwitz II] Un des camps faisant partie du complexe d'Auschwitz et qui a fonctionné comme camp de la mort dont le seul objectif était de massacrer les Juifs et autres personnes considérées comme indésirables par les nazis. Établies au début de 1942, les chambres à gaz de Birkenau utilisaient le gaz Zyklon B pour tuer les prisonniers en masse. Il y avait également dans ce camp des fours crématoires, construits entre mars et juin 1943.

**Brigade de travail forcé** Travail non rémunéré, souvent accompli dans des conditions extrêmement rudes, que les nazis contraignaient des millions de Juifs et de non- Juifs à exécuter. Dans certains cas, on faisait sortir quotidiennement des hommes et des femmes juifs des ghettos et on les y ramenait le soir; dans d'autres cas, on les transférait dans des camps de travail situés dans d'autres régions ou pays.

**Camps de personnes déplacées** Installations mises en place par les forces alliées et par l'Administration des Nations unies pour le secours et la réhabilitation (UNRRA) en octobre 1945, afin de résoudre la terrible crise des réfugiés qui a surgi à la fin de la Seconde Guerre mondiale. Les camps ont fourni un abri et une aide provisoires aux millions de personnes – pas seulement juives – qui avaient été déplacées de leurs pays d'origine à la suite de la guerre, et leur ont apporté de l'aide pour se préparer à s'établir ailleurs. *Voir aussi Administration des Nations unies pour le secours et la réhabilitation (UNRRA).*

**Canaan** [hébreu] Nom biblique pour désigner la région du Moyen-Orient qui inclut désormais Israël, les territoires palestiniens, la Jordanie, le Liban et des parties de la Syrie.

**Catéchisme** Texte de référence et guide de la religion catholique, sous forme de questions et de réponses, destiné à l'apprentissage de la doctrine de la foi.

**Chapelet** Objet de piété, en forme de collier, composé de plusieurs dizaines de grains enfilés sur une chaînette ou un cordon, utilisé pour compter les prières à réciter. *Voir Rosaire.*

**Circoncision** Suppression du prépuce. Dans le judaïsme, la circoncision rituelle est pratiquée le huitième jour de la vie de l'enfant de sexe masculin, lors d'une cérémonie religieuse appelée *brit milah* (en hébreu), ou encore *bris* (en yiddish), en vue de l'accueillir dans l'alliance entre Dieu et le peuple d'Israël.

***Csendőr*** [hongrois] Gendarmes du parti prohitlérien des Croix-Fléchées. Durant la Seconde Guerre mondiale, ils collaboraient souvent avec la Gestapo pour rafler les Juifs, les Rom et les opposants politiques.

**« *Deutschland über Alles* »** [allemand : « L'Allemagne avant tout »] Titre d'un poème également connu sous l'appellation de *Deutschlandlied* (le chant de l'Allemagne). Écrit par August von Fallerslebence en 1848 sur une mélodie de Joseph Haydn, ce poème de 1848 a été l'hymne national de l'Allemagne de 1922 à 1945.

**Dissident** Personne qui quitte ou abandonne son pays ou son parti politique pour faire allégeance à un autre. Ce terme a souvent été employé pour décrire les citoyens soviétiques (ou provenant de pays du bloc soviétique) qui sont parvenus à quitter illégalement l'URSS (ou sa sphère d'influence) afin de venir vivre en Occident.

***Erets Israël*** [hébreu] Terre biblique d'Israël.

**Étoile de David** [en hébreu : *Magen David*] Étoile à six branches, symbole le plus ancien et le plus aisément reconnaissable du judaïsme. Durant la Seconde Guerre mondiale, les Juifs des pays occupés par les nazis ont souvent été contraints de porter un insigne ou un brassard arborant l'étoile de David. Cette manière de les singulariser servait à les identifier en tant qu'« inférieurs » et à les désigner comme cibles aux persécutions.

**Exode (l')** Le second des cinq livres de la Bible hébraïque ou *Torah* (également désignée sous l'appellation de Pentateuque). Ce livre raconte comment Moïse a mis fin à l'esclavage du peuple d'Israël en Égypte et lui a fait traverser le désert pour le conduire à la terre promise, Canaan. Dans le désert, au mont Sinaï, Dieu a donné les Dix Commandements (les lois selon lesquelles il faut vivre) au peuple d'Israël et a conclu une alliance avec lui.

**François-Joseph 1er (1830–1916)** Empereur d'Autriche (1848–1916) et roi de Hongrie (1867–1916). L'assassinat de son héritier présomptif, François-Ferdinand, à Sarajevo en 1914, a incité l'Autriche-Hongrie ainsi que l'Allemagne à déclarer la guerre à la Serbie, et a précipité le début de la Première Guerre mondiale.

**Frank, Anne** (1929–1945) Adolescente juive allemande qui a passé vingt-cinq mois cachée avec sa famille à Amsterdam durant la Seconde Guerre mondiale en tenant son célèbre journal, *Le Journal d'Anne Frank*. Anne et sa famille ont été découvertes le 4 août 1944 et transférées à Auschwitz. Elle est morte du typhus à Bergen-Belsen sept mois plus tard. Son journal a été traduit en plus de 65 langues et fait l'objet d'un enseignement dans des milliers d'écoles de par le monde.

**Garde de Hlinka** Aile paramilitaire du régime autonome slovaque établi en octobre 1938. *Voir aussi Parti populaire slovaque de Hlinka.*

**George VI** (1895–1952) Albert Frédéric Arthur George a régné sur le Royaume-Uni et sur les pays appartenant au Commonwealth britannique (y compris le Canada), de 1936 jusqu'à sa mort en 1952. Il est demeuré à Londres tout au long de la guerre, en dépit de la menace constante de bombardements aériens allemands. Désireux d'encourir les mêmes dangers que les autres Londoniens, refusant de s'enfuir pour préserver sa sécurité, le roi George VI est devenu un symbole important de la résistance en temps de guerre pour le peuple britannique. La fille aînée du roi George VI, la reine Elisabeth II, est l'actuelle reine d'Angleterre.

**Gestapo** [allemand; abréviation de *Geheime Staatspolizei*] Police secrète d'État de l'Allemagne nazie. La Gestapo a combattu avec brutalité les ennemis supposés du régime nazi et opérait avec très peu de contraintes juridiques. Elle est responsable des rafles des Juifs d'Europe et de leur déportation dans les camps de la mort. Elle avait également la charge de délivrer les visas de sortie à ceux qui résidaient dans les zones occupées par les Allemands. Un certain nombre de membres de la Gestapo se sont aussi joints aux *Einsatzgruppen*, les unités mobiles de tuerie responsables des rafles et de l'extermination des Juifs dans l'est de la Pologne et en URSS au moyen de fusillades massives.

**Ghetto** Zone de résidence confinée assignée aux Juifs. Le terme a pris naissance en Italie, à Venise, en 1516, où une loi exigeait que tous les Juifs vivent sur une île séparée et clôturée, le *Ghetto Nuovo*. Tout au long du Moyen Âge en Europe, les Juifs ont souvent été obligatoirement cantonnés dans des quartiers fermés. Pendant l'Holocauste, les nazis ont contraint les Juifs à vivre dans d'effroyables conditions de surpopulation et d'insalubrité dans un quartier spécifique, souvent délabré, qui leur était réservé dans certaines villes. Les grands-parents d'Eva ont été déportés de Vráble et envoyés au ghetto de Levice en Hongrie. Ce ghetto, instauré en mai 1944, renfermait plus d'un millier de Juifs qui ont été déportés à Auschwitz un mois plus tard.

***Gimnázium*** [hongrois; en allemand: *Gymnasium*] Terme utilisé en Europe centrale et en Europe de l'Est pour désigner l'enseignement secondaire.

**Grandes Fêtes** Fêtes d'automne qui marquent le commencement de l'année juive et qui incluent *Rosh Hashanah* (le Nouvel An) et *Yom Kippour* (le Jour du Grand Pardon). L'office de *Rosh Hashanah* est célébré à la synagogue et s'achève par la sonnerie du *shofar* (corne utilisée comme instrument à vent) marquant le commencement des fêtes. Au cours du repas de célébration, on consomme des nourritures sucrées telles que les pommes et le miel, qui symbolisent une année à venir « bonne et douce ». Dix jours plus tard suit *Yom Kippour*, un jour de jeûne et de prières que l'on passe à la synagogue.

**Habsbourg** Famille royale qui a dirigé l'empire autrichien sous toutes ses formes, y compris l'empire austro-hongrois, pendant six siècles, de 1282 à 1918.

***Hashomer Hatzaïr*** [hébreu: la jeune garde] Mouvement de jeunesse sioniste de gauche, fondé en Europe centrale au début du XX^e^ siècle. Il avait pour but de préparer les jeunes Juifs à devenir ouvriers et fermiers, et à s'établir dans des *kibboutzim*, des implantations collectives, pour travailler la terre comme pionniers dans le futur état d'Israël. Avant la Seconde Guerre mondiale, on comptait 70 000 membres du *Hashomer Hatzaïr* de par le monde. Beaucoup de ceux qui se trouvaient dans les territoires occupés par les nazis ont résisté activement dans les ghettos et les camps de concentration ou ont rejoint les groupes de partisans dans les forêts d'Europe centrale. C'est le plus ancien mouvement de jeunesse sioniste encore en activité. *Voir aussi Sionisme.*

***Heymish*** [yiddish; littéralement: familial] Intime ou sans prétentions.

**Immeubles à « l'étoile jaune »** *Voir Maisons juives (à Budapest).*

**Judaïsme orthodoxe** Ensemble des croyances et des pratiques des Juifs pour lesquels l'observance des lois juives est étroitement liée à la foi; il se caractérise par un strict respect religieux des prescriptions alimentaires juives, l'abstention du travail le jour du shabbat ainsi que lors des jours de fête, et un habillement sobre.

**Kasher** [hébreu] Ce qui est consommable selon les prescriptions alimentaires juives. Les Juifs pratiquants se conforment à un système de règles connu sous l'appellation de *kasherout* qui prescrit ce qui peut être mangé, comment la nourriture doit être préparée et comment la volaille doit être égorgée. La nourriture est dite kasher lorsqu'elle a été jugée propre à la consommation selon ce système de règles. De nombreux aliments sont interdits, tout particulièrement les produits dérivés du porc et les fruits de mer.

**Lénine, Vladimir (1870–1924)** Fondateur du parti communiste russe et dirigeant des bolcheviks au cours de la Révolution d'Octobre, en 1917, et de la guerre civile (1917–1923). Lénine est considéré comme l'architecte de l'URSS (Union des Républiques Socialistes Soviétiques).

**Maisons juives (à Budapest)** Également désignées du nom d'habitations « à l'étoile jaune » (*sárga csillagos házak*). En juin 1944, trois mois après que l'Allemagne a occupé la Hongrie, les nazis ont ordonné aux Juifs de Budapest de déménager dans des immeubles attitrés marqués d'une étoile de David jaune. On a attribué moins de 2 000 appartements à plus de 20 000 Juifs. Ils étaient autorisés à quitter les immeubles pendant deux heures durant l'après-midi, mais à la condition de porter une étoile jaune sur leurs vêtements afin de les identifier. Cela signifiait qu'on pouvait facilement les repérer lorsque viendrait le moment de les déporter. *Voir aussi Ghetto*; *Étoile de David*.

**Marx, Karl (1818–1883)** Philosophe, historien, sociologue et théoricien allemand qui a inspiré l'idéologie révolutionnaire communiste connue sous le nom de marxisme. D'après sa conception de l'histoire, le « matérialisme historique », les modes de production capitalistes qui exploitaient les ouvriers finiraient par conduire à une lutte des classes et à un effondrement de l'économie, préparant le terrain du communisme. D'après la conception de Marx, une société communiste serait une société sans classes et sans État, fondée sur la propriété collective des moyens de production, le libre accès aux biens matériels nécessaires au bien-être des individus, et qui mettrait fin au travail salarié et à la propriété privée. Deux de ses livres les plus célèbres sont *Le Manifeste du Parti Communiste* (1848) et *Le Capital* (1867–1894).

**Masaryk, Jan (1886–1948)** Politicien libéral démocrate, fils de Tomáš G. Masaryk, qui a été le fondateur et le premier président de la Tchécoslovaquie. Jan Masaryk a occupé le poste de ministre des Affaires étrangères du gouvernement tchécoslovaque en exil pendant la Seconde Guerre mondiale. Il a conservé ce poste au sein du gouvernement provisoire de coalition du Front national, établi en Tchécoslovaquie après la libération du pays en 1945. En 1948, à la suite de la consolidation d'un gouvernement communiste dirigé par les Soviétiques, on a retrouvé Jan Masaryk mort, en pyjama, dans la cour de son immeuble. Des débats et des enquêtes ont eu lieu pour déterminer s'il s'était suicidé comme le prétendait le gouvernement communiste, ou bien s'il avait été défenestré par des malfrats communistes. Finalement, en décembre 2003, une ultime enquête a conclu, grâce à l'expertise d'un témoin qui avait étudié la position du corps tel qu'on l'avait retrouvé à l'époque, que Masaryk avait été tué. Cette nouvelle preuve n'a toutefois entraîné aucune poursuite.

**Mur occidental** [dit aussi « Mur des Lamentations »; en hébreu: *Kotel*; littéralement: le mur] Vestige d'un mur du Second Temple juif édifié par Hérode le Grand à Jérusalem en 19 avant J.-C. Il est considéré comme le lieu le plus sacré du judaïsme.

**Napoléon Ier (1769–1821)** Empereur de France de 1804 à 1815. Il est considéré comme l'un des plus grands stratèges militaires de l'Histoire, et comme un fondateur de la réforme libérale en France, connue sous le nom de Code Napoléon.

**« Notre-Père »** [latin: *Pater Noster*] Prière la plus courante de la liturgie chrétienne; elle apparaît dans le Nouveau Testament sous deux versions (courte et longue), comme enseignement de Jésus et comme modèle de prière.

**Parti des Croix-Fléchées** [en hongrois: *Nyilaskeresztes Párt-Hungarista Mozgalom*; abréviation: *Nyilas*] Parti extrémiste fasciste et antisémite pronazi fondé en 1935 sous le nom de « Parti de la volonté nationale » par Ferenc Szálasi. Soutenu par l'Allemagne nazie, ce parti, rebaptisé Parti des Croix-Fléchées, a participé aux élections hongroises de 1939 et a remporté 25 % des voix. Néanmoins, en raison de l'idéologie fasciste extrémiste du parti, il a été exclu du gouvernement pronazi de Miklós Horthy. Lorsque Horthy a annoncé en octobre 1944 que la Hongrie mettait un terme à son alliance avec les nazis et se retirait de la guerre, les Allemands ont riposté en appuyant un coup d'État mené par le Parti des Croix-Fléchées et en portant au pouvoir un gouvernement des Croix-Fléchées sous la direction de Szálasi. La communauté juive hongroise avait déjà été victime de milliers de déportations dans les camps de la mort nazis sous le gouvernement de Horthy. Entre le 15 octobre 1944 et mars 1945, les Croix-Fléchées ont intensifié les persécutions: ils sont à l'origine du meurtre de dizaines de milliers d'autres Juifs hongrois. Le 8 novembre 1944, ils ont notamment procédé à la rafle de plus de 70 000 Juifs qui ont été envoyés, dans une marche de la mort, vers les camps nazis en Autriche. Le reste de la population juive de Budapest a été enfermée de force dans un ghetto dont elle ne pouvait sortir. Entre décembre 1944 et janvier 1945, les Croix-Fléchées ont fusillé 20 000 d'entre eux sur les berges du Danube.

**Parti populaire slovaque de Hlinka** [abréviation : HSSP] Du nom de son fondateur et premier président, le père Andrej Hlinka, le HSSP était un parti très nationaliste, catholique et totalitaire, qui est devenu le premier gouvernement de la nouvelle République autonome de Slovaquie en 1939. Pendant la guerre, son président était un prêtre catholique, Jozef Tizo, qui avait accédé au poste de président du HSSP après la mort de Hlinka en 1938. La Garde de Hlinka, l'aile paramilitaire du nouveau régime slovaque autonome, a été établie en octobre 1938.

**Personnes déplacées** [abréviation : DP, de l'anglais *Displaced Persons*] Désigne les personnes qui se sont retrouvées sans foyer et apatrides à l'issue de la guerre. Au lendemain de la Seconde Guerre mondiale, des millions de personnes, notamment la population juive européenne, se sont aperçues qu'elles avaient perdu leur domicile et n'avaient nulle part où aller, ou bien ne pouvaient plus retourner vivre chez elles en raison du danger qu'elles pouvaient encourir. *Voir aussi Camps pour personnes déplacées.*

***Post Exchange*** [nom complet : *Army Post Exchange*; abréviation : *PX*] Magasins des bases militaires américaines qui fournissaient des marchandises subventionnées. Ils ont été mis en place par le gouvernement américain pour le personnel militaire en poste dans les pays étrangers.

**Rákosi, Mátyás (1892–1971)** Dictateur hongrois qui a dirigé le pays en qualité de Secrétaire général du Parti communiste hongrois de 1945 à 1956.

**Rosaire** [du latin *rosarium*; littéralement : roseraie] Ensemble de prières et de méditations dans la pratique du catholicisme. La succession de prières comprend cinq séries de dix « Je vous salue Marie », chaque série étant précédée d'un « Notre-Père ». Le cycle s'achève par cinq autres prières, dont « Gloire soit au Père », suivies du signe de la croix. Pour se souvenir du nombre de prières, les fidèles utilisent un chapelet constitué de soixante grains et d'un petit crucifix.

**Saint François d'Assise** [Giovanni Francesco di Bernardone; 1181 ou 1182–1226] Guide religieux catholique qui a fondé l'ordre des Franciscains. Il est l'un des saints chrétiens les plus vénérés.

**Saint Nicolas** Nicolas est né au III^e^ siècle dans une ville de Turquie devenue grecque par la suite. Il était issu d'une famille riche et a consacré tout son argent à aider les pauvres et les malades. Le 6 décembre, jour de la Saint-Nicolas, est une fête pour les enfants dans de nombreux pays d'Europe. La générosité de saint Nicolas et les dons qu'il faisait aux pauvres ont constitué la base de la tradition des cadeaux de « *Santa Claus* » et du « Père Noël » dans certains pays européens. En Hongrie et en Roumanie, les enfants laissent leurs chaussures à la fenêtre le soir du 5 décembre afin qu'elles soient remplies de bonbons s'ils ont été sages.

**Sainte Thérèse d'Avila** (1515–1582) Nonne carmélite d'Espagne et l'une des saintes les plus importantes de l'Église catholique. Sainte Thérèse d'Avila était réputée pour son mysticisme.

**Saints protecteurs** Saints réputés veiller sur un lieu et sur ses habitants ou sur les membres de certains groupes de fidèles. Les lieux peuvent être aussi bien des villes ou villages qu'une église ou qu'un pays. Les groupes de fidèles peuvent comprendre des individus d'une même profession, des personnes souffrant d'une certaine maladie, des gens qui s'apprêtent à voyager, etc. Dans les prières qu'ils adressent à leur saint protecteur, les fidèles lui demandent d'intercéder auprès de Dieu en leur faveur.

**Shabbat** [hébreu] Jour de repos hebdomadaire qui commence le vendredi au coucher du soleil et qui s'achève le samedi à la tombée de la nuit. Il est inauguré par l'allumage des bougies le vendredi soir, et par la récitation des bénédictions sur le vin et sur la *ḫallah* (pain tressé aux œufs). C'est une journée de célébration et de prières au cours de laquelle on a l'habitude de consommer trois repas de fête, d'assister aux offices à la synagogue, et de s'abstenir de travailler et de voyager.

**Siège de Budapest** Désigne la bataille qui s'est déroulée entre le 24 décembre 1944 et le 13 février 1945 entre les troupes allemandes et hongroises (alliées des Allemands) et l'Armée rouge appuyée par l'armée roumaine. Ces dernières ont encerclé Budapest afin de libérer la ville. L'armée hongroise et l'armée allemande se sont rendues le 13 février, mais pas avant que les Croix-Fléchées n'aient raflé ce qu'il restait de Juifs à Budapest pour les enfermer dans un petit ghetto. Avec l'aide des Croix-Fléchées, les Allemands ont intimé l'ordre à 70 000 de ces Juifs de se rendre à pied jusqu'en Autriche où ils ont été envoyés dans différents camps de concentration. Des milliers d'entre eux ont été fusillés ou sont morts de faim ou de froid au cours du trajet. On a fait sortir du ghetto 20 000 autres Juifs et on les a fusillés sur les rives du Danube.

**Sionisme** Mouvement dont le journaliste juif viennois Theodor Herzl est à l'origine. En 1896, dans son livre *Der Judenstaat* (L'État des Juifs), il soutenait que la meilleure façon de résoudre le problème de l'antisémitisme et de la persécution des Juifs d'Europe était de créer un État juif indépendant dans la patrie ancestrale des Juifs, Israël. Les sionistes sont également à l'origine de la renaissance de l'hébreu en tant que langue nationale juive.

**Société d'assistance aux immigrants juifs** [*Jewish Immigrant Aid Society* ou JIAS] Organisation qui a fourni un grand nombre de services aux Juifs qui ont immigré au Canada de 1919 jusqu'à nos jours. Ses origines remontent à la première assemblée du Congrès juif canadien en 1919 lorsqu'elle a été confrontée à une crise des réfugiés juifs au Canada après la Première Guerre mondiale. En 1955, l'organisation a adopté le nom de Services canadiens d'assistance aux immigrés juifs (*Jewish Immigrant Aid Services of Canada*).

**SS** [abréviation de *Schutzstaffel* : escadron de protection] Le corps des SS a été créé en 1925 en tant que corps d'élite chargé de la protection personnelle de Hitler. Sous la direction de Heinrich Himmler, le nombre de ses membres est passé de 280 en 1929 à 50 000 lorsque les nazis sont arrivés au pouvoir en 1933, et il a atteint près de 250 000 à la veille de la Seconde Guerre mondiale. Le corps des SS se composait de la *Allgemeine-SS* (la SS générale) et de la *Waffen-SS* (la SS armée). La SS générale était chargée du contrôle et de l'application des mesures raciales en Allemagne et dans les pays occupés par les nazis. Un élément important des SS était le *Reichssicherheitshauptamt* (RSHA, l'Office central de sécurité du Reich), dont la responsabilité incluait la *Gestapo* (*Geheime Staatspolizei*, la police secrète d'État). La SS gérait les camps de concentration et les camps de la mort, ainsi que toutes les entreprises économiques qui y étaient associées. Elle pouvait également recruter des soldats pour ses propres divisions militaires, les *Waffen-SS*, y compris des recrues provenant de pays occupés par l'Allemagne. *Voir aussi Gestapo.*

**Staline, Joseph (1879–1953)** A dirigé l'Union soviétique de 1924 jusqu'à sa mort en 1953. Né Joseph Vissarionovitch Djougachvili, il a troqué son nom en 1903 pour celui de Staline (littéralement : l'homme d'acier). Loyal soutien de Lénine, il a pris le contrôle du Parti communiste à la mort de celui-ci. Peu de temps après avoir pris la direction du Parti communiste, Staline a évincé ses rivaux, tué ses opposants en procédant à des purges, et s'est littéralement imposé comme dictateur. Après la Seconde Guerre mondiale, il a mis en place des gouvernements communistes contrôlés par Moscou dans de nombreux États frontaliers d'Europe de l'Est et proches de l'URSS.

**Sudètes** Région frontalière occidentale de l'ancienne Tchécoslovaquie, qui était peuplée à l'origine d'Allemands de souche avant la Seconde Guerre mondiale. En vue d'éviter le déclenchement de la guerre, la Grande-Bretagne, la France et l'Italie ont accepté l'annexion des Sudètes par le IIIe Reich lors des accords de Munich signés le 30 septembre 1938.

**Szálasi, Ferenc** (1897–1946) Fondateur et chef du Parti fasciste hongrois des Croix-Fléchées, qui a activement collaboré avec les nazis en Hongrie, notamment dans la persécution et la déportation des Juifs. Il a été reconnu coupable de crimes de guerre et exécuté en 1946. *Voir aussi Parti des Croix-Fléchées.*

***Tcholent*** [yiddish] Ragoût juif traditionnel longuement mijoté que l'on déguste comme plat principal lors du déjeuner du shabbat, le samedi, après le service à la synagogue ainsi que les autres jours de fêtes juives. Pour les Juifs originaires d'Europe de l'Est, les ingrédients de base du *tcholent* sont la viande, les pommes de terre, les haricots et l'orge.

***Teréfah*** [hébreu : impur] Nourriture qui n'est pas autorisée selon les prescriptions alimentaires juives. *Voir aussi Kasher.*

**Tizo, Jozef,** père (1887–1947) Ecclésiastique tchécoslovaque pro-nazi qui est devenu le chef de l'État slovaque de 1939 à 1945. *Voir aussi Parti populaire slovaque de Hlinka (HSSP).*

**Ursulines** Religieuses de l'ordre catholique des Ursulines, fondé en 1535 en Italie, qui se consacrent à l'éducation des filles. La maison mère est le terme qui désigne leurs couvents.

**Wagons à bestiaux** Wagons de marchandises utilisés pour déporter par train les Juifs vers les camps de concentration et les camps de la mort. Les chemins de fer européens ont joué un rôle logistique central dans la manière dont les nazis, sous couvert de « transfert », ont acheminé des millions de Juifs de toute l'Europe vers les centres de la mort en Pologne occupée. Dans ces wagons, généralement longs de 10 mètres, plus de 100 personnes étaient entassées dans des conditions épouvantables, ne disposant ni d'eau, ni de nourriture ni de sanitaires. Beaucoup de Juifs, déjà affaiblis par des conditions de vie misérables, mouraient d'asphyxie ou de maladie dans les wagons avant même d'arriver aux camps.

**Wallenberg, Raoul** (1912–1947) Diplomate et humanitaire suédois envoyé en Hongrie en juin 1944 par le Conseil américain des réfugiés de guerre et qui a réussi à sauver des dizaines de milliers de Juifs de Budapest en leur procurant des certificats de protection suédois. Le gouvernement suédois a également autorisé Wallenberg à mettre en place trente « maisons de sûreté », à organiser des distributions de nourriture et à fournir une assistance médicale et un système de protection pour les enfants. C'est grâce à ses efforts qu'un peu plus de 100 000 Juifs qui vivaient encore à Budapest à la fin de la guerre ont pu être sauvés.

**Yiddish** Langue dérivée du moyen haut-allemand comportant des éléments linguistiques hébraïques, araméens, romans et slaves, et écrite en caractères hébraïques. Elle a été parlée par les Juifs d'Europe de l'Est et d'Europe centrale pendant près d'un millier d'années, depuis le X^e^ siècle jusqu'à la moitié du XX^e^ siècle. C'était encore la langue la plus répandue parmi les Juifs d'Europe juste avant le déclenchement de la Seconde Guerre mondiale. Le yiddish et l'allemand contemporain présentent des similitudes.

**Zeydè** [yiddish] Grand-père.

# Photographies

Judy Abrams

1 La famille de la mère de Judy Abrams, Renée Kaba Grünfeld, à Savanyukut, Hongrie, 1921. De gauche à droite : le grand-père de Judy, Imre Kaba; sa grand-mère, Anni Deutsch Kaba; sa mère; ses tantes, Márta et Marika; son oncle Józsi et sa tante Éva.

2 Renée Grünfeld. Budapest, 1940.

3 Judy Grünfeld Abrams à l'âge de 3 ans. Budapest, 1940.

Judy à l’âge de 5 ans. Budapest, 1942.

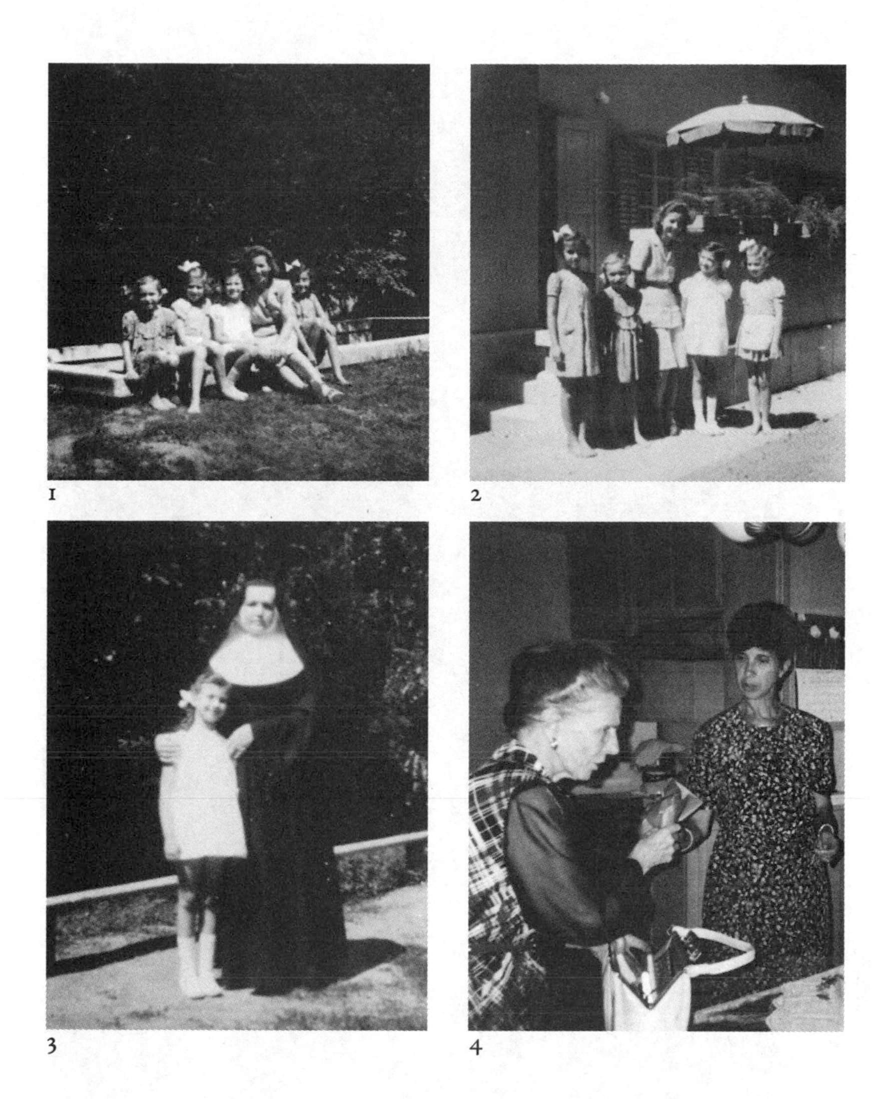

1 Judy (au centre) assise derrière Mária Babar (seconde à partir de la droite), qui l'a aidée à se cacher au couvent des sœurs ursulines de Pincehely. Hongrie, 1944.

2 Judy, debout, seconde à partir de la droite avec Mária et d'autres fillettes au couvent de Pincehely, 1944.

3 Judy et la Mère supérieure du couvent de Pincehely, 1944.

4 Judy (à droite) avec Mária (devenue Mária Babar-Kennedy, le jour où Mária a reçu le titre de « Juste parmi les Nations » à Yad Vashem, l'Institut Commémoratif des Martyrs et des Héros de la Shoah. Californie, 1994.

Renée Grünfeld, la mère de Judy, après la guerre. Budapest, 1947.

Judy à l'âge de 11 ans. Budapest, 1948.

Judy, à l'âge de 12 ans, sur le *Scythia* en route pour le Canada, 1949.

1 Le *Scythia*, le bateau qui a amené Judy et ses parents de la ville allemande de Brême à Halifax, en Nouvelle-Écosse, 1949.

2 Judy, au centre, avec ses parents, Renée et László Grünfeld, devant leur premier appartement de l'avenue Ridgevale (rebaptisée avenue Saint-Kevin), Montréal, 1949.

3 Judy dans son uniforme d'écolière, Montréal, 1950.

4 Judy portant son premier pantalon, Montréal, vers 1951.

Judy Abrams au Gala annuel de collecte de fonds de l'Hôpital général juif. Montréal, 1959.

Mária Babar-Kennedy (à gauche) avec la tante de Judy, Marika (au centre), le père de Judy, László Grünfeld (à droite) et le fils cadet de Judy, Eugène. Montréal, 1966.

1 Judy avec son mari, son fils aîné et sa belle-fille à New York, 2010. De gauche à droite : le mari de Judy, Tevia Abrams; Judy; leur fils Ira Abrams et sa femme, Rachel Krucoff.

2 Le fils cadet de Judy, Eugène Abrams (à droite), son fils, Émile (au centre), et sa femme Julie LaVergne, dans leur maison de Longueuil, 2010.

Judy et Tevia aux chutes d'Iguazú, à la frontière entre le Brésil et l'Argentine en 2009.

Eva Felsenburg Marx

Le grand-père paternel d'Eva Felsenburg Marx, Heinrich Felsenburg.

1 Ses arrière-grands-parents maternels, Ignacz et Rosa Berceller Rosenbaum.

2 Son grand-père maternel, Gabriel (Gabor) Weisz.

3 Sa grand-mère maternelle, Sari Rosenbaum Weisz.

Le livre de prières qui a sauvé la vie de Gabor Weisz lorsqu'il a été atteint à la poitrine par une balle pendant la Première Guerre mondiale.

1 Le père d'Eva, Eugene (Jenö) Felsenburg, debout à l'extrême droite, lorsqu'il servait dans l'armée austro-hongroise durant la Première Guerre mondiale, 1918.

2 Sa mère, Helen (Ilonka) Weisz, à gauche, avec sa sœur cadette Hedi, vers 1916.

3 Les parents d'Eva, Helen et Eugene Felsenburg, en 1929.

1 La ville natale d'Eva, Brno, avec une vue sur la forteresse du Spielberg à l'arrière-plan. La photographie a été prise en 1987.

2 Le grand magasin *Dom Moderné Brnenký* (DMB) – « La Maison de la femme moderne de Brno » – où les parents d'Eva avaient leur commerce de fourrures avant la Seconde Guerre mondiale, Brno, 1987.

3 La maison des grands-parents d'Eva à Vráble, Slovaquie. La photographie a été prise en 1987.

1 Cette carte postale envoyée à Eva en 1980 par sa nourrice dévouée, Marka Piesikova, montre à quoi ressemblait la grand-rue de Vráble avant la Seconde Guerre mondiale.

2 Eva à l'âge de 2 ans environ, peu après son arrivée à Vráble, avec sa tante Hedi (à gauche), sa mère (au centre) et sa grand-mère, Sari Weisz, 1939.

3 Marka Piesikova en 1944.

1 La famille maternelle d'Eva à Paks, 1940. Second à partir de la gauche, son grand-oncle, Willie Rosenbaum; troisième à partir de la gauche, sa mère; Eva est au centre à côté de sa grand-mère, Sari Weisz; et, troisième à partir de la droite, le grand-oncle d'Eva, Matyi.

2 Eva (au centre) avec ses amies, à Vráble, vers 1942.

Eva âgée d'environ 5 ans, à Vráble, 1942.

1 Eva (troisième à partir de la droite) lors d'une fête de *Pourim* après la guerre. Brno, 1947.

2 Eva, au fond à droite, à l'âge de 10 ans avec ses amis Karl Hanak (à gauche), Rudy Hanak (second à partir de la gauche) et Jiří Kadlec. Konešín, Tchécoslovaquie, 1948.

3 Eva et son amie Jiří à Brno, 1948.

4 Eva à l'âge de 11 ans à Brno, 1949.

1 Eva (à gauche), avec sa tante Hedvig (au centre), la sœur aînée de son frère, et sa mère (à droite) au parc du Mont-Royal. C'est tante Hedvig qui a parrainé l'immigration de la famille Felsenburg au Canada. Montréal, 1949.

2 Eva à l'âge de 19 ans avec sa mère, lors de la remise de son diplôme du Collège Macdonald à Sainte-Anne-de-Bellevue, 1956.

3 Les 95 ans d'Helen Felsenburg. Montréal, 2003.

1 La famille d'Eva au mariage de sa fille Sarah. De gauche à droite : (rangée du fond) le mari d'Eva, Herbert Marx, et son gendre Andrew Shalit; (rangée du milieu) Sarah Marx; le fils d'Eva, Robert; la femme de Robert, Rena, et Eva; (assise devant) la mère d'Eva, Helen Felsenburg, 1995.

2 Les petits-fils d'Eva, Harry, 6 ans, et David, 1 an, 2011.

3 Les petites filles d'Eva, Ella (à gauche), 9 ans, et Hannah (à droite), 6 ans, 2010.

# Index

La mission de la Fondation Azrieli est d'apporter son soutien à de nombreuses initiatives dans le domaine de l'éducation et de la recherche. La Fondation Azrieli prend une part active à des programmes relevant du domaine des études en pédagogie, des études d'architecture, de la recherche scientifique et médicale et des études artistiques. Parmi les initiatives de la Fondation figurent le Programme des mémoires de survivants de l'Holocauste, qui rassemble, archive et publie les mémoires de survivants canadiens, l'*Azrieli Institute for Educational Empowerment*, un programme innovateur qui apporte un soutien aux adolescents à risques et les aide à rester en milieu scolaire ; l'*Azrieli Fellows Program*, un programme de bourses d'excellence pour les second et troisième cycles des universités israéliennes ; l'*Azrieli Music Project* qui valorise et encourage la création de nouvelles compositions de musique orchestrale juive, ainsi que l'*Azrieli Neurodevelopmental Research Program* qui appuie la recherche de haut niveau en matière de troubles du neurodéveloppement, en particulier le syndrome du X fragile et les troubles du spectre de l'autisme.